乡贤文化丛书

乡贤文化丛书

致富难舍乡梓恩
——长沙富商朱昌琳

卫绍生 廉朴 主编

廉朴 著

中原出版传媒集团
中原传媒股份公司

大象出版社
·郑州·

图书在版编目(CIP)数据

致富难舍乡梓恩：长沙富商朱昌琳 / 廉朴著. —
郑州：大象出版社，2022.10
（乡贤文化丛书 / 卫绍生，廉朴主编. 第二辑）
ISBN 978-7-5711-1191-5

Ⅰ.①致… Ⅱ.①廉… Ⅲ.①朱昌琳-生平事迹
Ⅳ.①K825.38

中国版本图书馆 CIP 数据核字（2021）第 182707 号

乡贤文化丛书

卫绍生　廉朴　主编
ZHIFU NANSHE XIANGZI EN

致富难舍乡梓恩
——长沙富商朱昌琳

廉　朴　著

出 版 人	汪林中
总 策 划	郑强胜
责任编辑	连　冠
责任校对	万冬辉
装帧设计	王莉娟

出版发行	大象出版社（郑州市郑东新区祥盛街 27 号　邮政编码 450016）
	发行科　0371-63863551　总编室　0371-65597936
网　　址	www.daxiang.cn
印　　刷	河南瑞之光印刷股份有限公司
经　　销	各地新华书店经销
开　　本	720 mm×1020 mm　　1/16
印　　张	10
字　　数	125 千字
版　　次	2022 年 11 月第 1 版　2022 年 11 月第 1 次印刷
定　　价	29.00 元

若发现印、装质量问题，影响阅读，请与承印厂联系调换。
印厂地址　武陟县产业集聚区东区（詹店镇）泰安路与昌平路交叉口
邮政编码　454950　　　　电话　0371-63956290

总序

"乡贤",这一古老的称呼已经淡出人们的视野很久了。

党的十八大以来,乡贤重新进入人们的视野,成为人们热议的话题。中共中央、国务院2015年颁布的《关于加大改革创新力度加快农业现代化建设的若干意见》中明确指出,要"创新乡贤文化,弘扬善行义举,以乡情乡愁为纽带吸引和凝聚各方人士支持家乡建设,传承乡村文明"。在中共中央、国务院的文件里提到乡贤和乡贤文化,这应该是首次,它表明作为中国优秀传统文化重要组成部分的乡贤文化,既是传承乡村文明的重要内容,也是新时期农村文化建设的重要内容。但是,由于乡贤和乡贤文化淡出人们视线已久,在这一概念重新被提出来的时候,许多人并不明白什么是乡贤,什么是乡贤文化,更不知道如何传承和弘扬乡贤文化。鉴于此,有必要对乡贤称谓、乡贤之说的起源、乡贤对中国乡村的作用与意义、乡贤文化包含哪些内容等,作简要回答。

何谓乡贤?按照通常的解释,乡贤是指那些道德品行高尚同时又对乡村建设有过贡献的人。这里包含两个层面的意思:一是道德品行高尚,二是对家乡建设作出过贡献。但如果仅仅是道德品行高尚,满足于个人修身齐家、独善己身、洁身自好,很少关心乡里乡亲,很少对乡梓作出过贡献,那么,这样的人只能称为乡隐,而不能称为乡贤。乡贤既应是道德为人敬仰、行为堪称模范的人,更应是为家乡作出过一定贡献的人。不论是教书育人、传承文化、制定乡约、调解邻里矛盾，还是乐善好施、修桥铺路、接济乡人，举凡一切有益于乡里乡亲的事情，他们总是满腔热情，乐做善为。对乡村建设的贡献，是乡贤的必备条件。如果对家乡父老没有什么贡献可言，何以成为乡贤？看一看汉魏六朝出现的一些记述各地乡贤的著作，如《汝南先贤传》《陈留耆旧传》《襄阳耆旧记》《鲁国先贤传》《楚国先贤传》等，其中记载的各地乡贤，不仅在道德、学问、修养、名望等方面为人称颂，成为时人敬仰的楷模，而且都是对家乡作出过贡献的人。他们能入各种乡贤传，绝非浪得虚名。

  乡贤之说起源于何时？乡贤很早就存在于中国的乡村，但乡贤之说却是在东汉中后期才逐渐流行起来的。东汉中后期，随着一些世家大族的崛起，各个郡国都热衷于撰写乡贤传记，表彰那些曾经为当地经济、社会、文化发展作出过贡献的贤人雅士。东汉以后，世家大族成为维持中国乡村社会稳定的重要力量，涌现出许多被后人称为乡贤的人物，他们对当时的社会，乃至对中国历史文化都产生了重要影响。作为乡村精英的乡贤，在乡村治理、乡村教育等方面可补政府治理之不足，发挥了政府无法起到的重要作用。一些人看到了乡贤对社会发展的积极作用，把所属郡国那些有影响的人物事迹记录下来，于是出现了所谓的"郡书"。唐代史学家刘知幾在谈到这类著作时说："郡书者，矜其乡贤，美其邦族，施于本国，颇得流行；置于他方，罕闻爱异。其有如常璩之详审，刘昞之该博，而能传诸不朽、见美来裔者，盖无几焉。"（刘知幾：《史通》卷十《内篇·杂述》）刘知幾是较早关注到乡贤类著作的史学家，他认为，乡贤类著作都是"矜其乡贤，美其邦族"，因而在当地比较流行，而到了其他地方，知道的人就很少了。在谈到东汉史书繁盛的原因时，刘知幾再次提到了乡贤："降及东京，作者弥众。至如名邦大都，地富才良，高门甲族，代多髦俊。邑老乡贤，竞为别录。家牒宗谱，各成私传。于是笔削所采，闻见益多。此中兴之史，所以又广于《前汉》也。"（刘知幾：《史通》卷九《内篇·烦省》)刘知幾虽然没有对乡贤作出解释,但他把"邑老乡贤"与"高门甲族"相提并论,表明他已经把"邑老乡贤"与"高门甲族"放在同一个层级上,充分肯定了"邑老乡贤"的历史地位与作用。

乡贤对中国乡村有怎样的作用与意义呢?乡贤在乡村建设中的作用是多方面的。他们不仅热衷于乡村治理和乡村教育,而且乐善好施、造福乡里。乡贤一般都是受过良好教育的人,他们是乡里有知识、有影响的人物,经济实力往往要比一般村民好一些。他们有能力也有意愿造福桑梓,所以常常在乡村建设上主动作为,只要是力所能及,他们一般不会推辞。在乡村治理方面,乡贤往往身兼管理者、参与者、协调者等多重角色,必要的时候,他们也可以发挥上情下达或下情上传的作用,成为联系乡亲和政府的桥梁与纽带。在调解邻里冲突和乡人矛盾上,他们不会以势压人,而是以理服人,注重多方协调和沟通,注重平衡各方利益。所以,在乡村治理方面,乡贤是农耕文明时期中国乡村社会稳定的重要因素。

在乡村教育方面,乡贤的作用更是不可小觑。乡贤大多是饱读诗书之人,他们深知文化知识对于人们的生存、生活、成长和发展至关重要,所以他们非常重视教育,尤其重视启蒙教育和家庭教育。他们中的许多人自觉地担负起教育自家子弟和乡里子弟的重任,有不少人开私塾,并兼任私塾先生。虽然有的人也接受一些"束脩",但总体来说,义务教书的情况较为常见。他们是乡村的"先生",是传授文化知识的人,是教人向善的人。在善行义举方面,乡贤更是乐善好施的代名词。他们愿意帮助别人,勇于助困济人,乐于接济生活困难的乡亲。如东汉末年颍川郡著名乡贤陈寔,道德高尚,知书达理,处事公正,待人公平,为乡里所推重。乡里发生了纠纷,人们不去求官府,而是去找陈寔,请求他明断是非。只要是陈寔评的理、判的是非曲直,人们都欣然接受,没有什么怨言,以至于乡人都说:"宁为刑罚所加,不为陈君所短。"陈寔还乐善好施,遇上灾年的时候,乡亲们缺吃少穿,他就接济他们。大灾之年,陈寔的善举不仅挽救了那些一时糊涂的人，而且教化了乡党，纯洁了世风。当然，更多的乡贤是靠他们的智慧和财富造福乡里，为乡亲做好事，譬如常见的修桥铺路、接济穷困等助人为乐之事。在乡村治理结构尚不完备的中国传统社会，乡贤在文化教育、乡村治理、乡村建设等方面，都起到了政府所起不到的作用。他们是中国传统乡村超稳定结构的基石，也是推动乡村发展的动力。

对于乡贤，我们应该历史地来看，既要看到他们在乡村文化教育、乡村治理、乡村建设等方面的积极作用，也要看到他们对中国传统乡村超稳定结构的固化作用。乡村是农业社会的基础，也是各级政权的基础。但是，在中国传统社会，权力不下郡县，县级政权成为封建社会的基层政权，县令或县长通常都是七品官甚至是从七品官，县丞、县尉的级别就更低了。国家行政机构设置到县级，县以下是乡和里。乡和里的治理则借重民间力量，乡长和里长大多是由当地德高望重的长者或望族的族长担任，他们没有官位，不吃皇粮，不领俸禄，只是负责维持当地的秩序，帮助地方政府做一些诸如征收税赋、摊派徭役、管理户籍、教化民众之类的事情。但在乡村治理及文化教育等方面，乡长、里长则常常要借重乡贤的力量，因为乡贤有文化、有见识、有影响力，甚至还有财力。当乡贤与乡里管理者相向而行、勠力同心的时候，乡里就会稳定，乡村治理就比较顺畅。这个时候，乡贤的作用就得到了充分发挥。乡贤在某种意义上成了乡村治理的标杆，成为乡人敬仰和追慕的对象。但是，由于乡贤所受的教育不同，他们的理想、信念、追求也各有差异，因此，他们中的许多人不愿意与当权者同流合污，更看不惯权豪势要欺辱压榨百姓，往往是特立独行者和孤独求道者，但他们依然坚持用自己的方式服务乡里，造福百姓。如许劭主持汝南"月旦评"，大力奖掖和提携汝南才俊，评点天下名士，成为汉末继郭泰之后的清议领袖。他不应朝廷征辟，谢绝高官厚禄，以"局外人"的身份品评人物，客观公正，令人信服。又如吃尽文盲苦头的武训，穷且益坚，不坠青云之志，行乞办学，创办崇贤义塾，让那些读不起书的孩子进学堂读书，更让人肃然起敬。再如晚清职业慈善家余治，一生清贫，却四处呐喊，奔走于大江南北，劝人行善，宣传忠孝节义，成立各种慈善机构，移风易俗，救济孤贫，而且创立戏班，编写剧本，以戏曲劝善，被人誉为"江南大善人"。他们以各自的方式感染着世人，固化着中国乡村的超稳定结构，使中国乡村这个自秦汉以来政府行政权力鞭长莫及之地，成为乡绅乡贤的表演舞台。在当代作家陈忠实的长篇小说《白鹿原》中，从白嘉轩、鹿子霖和冷先生等人物身上，读者依稀看到了久违的乡贤形象，所以有评论者指出，《白鹿原》就是在寻找失去的乡贤。这样的评论虽然不无偏颇，却也道出了小说的文化追求。

乡贤是乡贤文化的创造者和实践者，从他们身上，人们可以看到传统乡贤文化在乡村建设、乡村治理、文化教育、乡土认同等方面发挥的重要作用。所以，从中国古代一直到近现代，许多乡村都建有乡贤祠，用以供奉和祭奠那些为乡村建设作出贡献的乡贤们，展示各地不同的乡贤文化。

乡贤文化是由乡贤及其乡人共同创造的，是中华优秀传统文化的重要组成部分。它作为一种文化形态，对中国古代的乡村治理，对家国文化的认同，对乡村社会的维系，对农业文明的传承，对宗族文化的延续，对乡村文明的弘扬，都具有重要的文化价值。在传承发展中华优秀传统文化的当下，创新乡贤文化，就应在进一步明确乡贤文化的历史文化价值与当代意义的前提下，深入发掘乡贤文化的内在价值和积极作用。具体来讲，就是要注重发掘乡贤文化对家国认同、乡村治理、乡村教育、乡村建设、乡村文明传承等方面的深层文化内涵，通过一个个乡贤人物，阐释乡贤文化的重要价值，梳理乡贤文化的积极意义，探索乡贤文化的传承创新路径。譬如家国认同，首先是基于对家族和家乡的认同。乡贤作为当地的贤者，不仅具有很强的凝聚力，而且还常常让乡党引以为豪，人们不论处于多么遥远的地方，只要说起共有的乡贤，就会立即引起强烈的共鸣，自然而然地拉近了人们之间的情感距离，从而形成对家族和家乡的认同。从这个意义上说，乡贤是家乡认同的标志性人物，也是促进家国认同的情感纽带。

乡贤文化对传承发展乡村文明，对当代乡村文化建设，对提升文化自觉、树立文化自信，对实现中华民族伟大复兴的中国梦，都具有积极意义。在大力弘扬传承发展中华优秀传统文化的当下，挖掘乡贤文化的丰富内涵，梳理乡贤文化的历史脉络，发掘乡贤文化的价值意义，进而创新乡贤文化，建设新乡贤文化，是传承发展中华优秀传统文化的内在要求，是提升文化自觉、树立文化自信的内在要求，也是实现中华民族伟大复兴的中国梦的内在要求。

为此，我们组织编纂了这套"乡贤文化丛书"，把自东汉以来的历代乡贤进行梳理，系统展示乡贤、乡贤文化的历史风貌和文化价值，以期让广大读者对优秀传统文化中的乡贤和乡贤文化有更多的了解，对乡贤文化的历史作用和当代价值有更多的认知，共同为创新乡贤文化、建设新乡贤文化作出应有的贡献。

本辑为"乡贤文化丛书"第二辑，我们精选了8位在中国历史上有一定影响的各地乡贤，他们不论在教书育人、修身齐家，还是在乡村治理、乡村建设、慈善赈济，甚或是民族工业等方面均作出了一定贡献，成为人们传颂的典范楷模。在本辑编写过程中，每位作者均对自己承担的人物有一定研究，但因作者较多，行文风格各异，难免会出现一些不尽如人意之处，不妥之处，尚祈读者批评。

卫绍生　廉朴

2022年5月20日

目 录

第一章　皇家血统又如何 …………………………… 001
　　第一节　皇明后裔 …………………………………… 002
　　第二节　棠坡起家 …………………………………… 013

第二章　攫取人生第一桶金 ………………………… 018
　　第一节　落榜秀才平生恨 …………………………… 018
　　第二节　收获第一桶金 ……………………………… 024

第三章　十年蛰伏观时事 …………………………… 036
　　第一节　避战火四处逃难 …………………………… 036
　　第二节　卧薪尝胆待时机 …………………………… 043

第四章　独见机先成巨商 …………………………… 052
　　第一节　抢购盐票成大亨 …………………………… 052
　　第二节　织就商址人脉网 …………………………… 057
　　第三节　南柜总商赢人生 …………………………… 061

第五章　湘军将领的"贤内助" ……………………… 071

第一节　"丁戊奇荒"显身手 …………………… 071
　　第二节　力助西征收国土 …………………… 077

第六章　发财奥秘"务审时" …………………… 081
　　第一节　"审时"的秘密 …………………… 082
　　第二节　用人的诀窍 …………………… 083
　　第三节　信誉为先 …………………… 085

第七章　老骥伏枥壮志酬 …………………… 088
　　第一节　投身维新新政 …………………… 088
　　第二节　浩园聚会建思贤 …………………… 094
　　第三节　觉醒的士绅 …………………… 097

第八章　实业兴湘担重任 …………………… 100
　　第一节　为新政再立潮头 …………………… 100
　　第二节　创办新式企业 …………………… 102

第九章　慷慨解囊行慈善 …………………… 115
　　第一节　菩萨心肠为灾民 …………………… 115
　　第二节　慷慨捐资为公益 …………………… 119
　　第三节　疏浚新河建奇功 …………………… 122
　　第四节　兴文教不遗余力 …………………… 125

第十章　善风谆谆传后世 …………………… 129
　　第一节　纯善家风泽后世 …………………… 129

第二节　秉承祖训做善事 …………………… 132
　　第三节　朱家后人今何在 …………………… 133

结　尾 ………………………………………………… 136

附录：朱昌琳事迹 …………………………………… 139

参考文献 ……………………………………………… 146

第一章 皇家血统又如何

在晚清历史舞台上，出现了一群这样的人，他们一方面经商致富，富埒王侯，一方面与官场联系紧密。他们攀附封疆大吏发家致富，发家致富后又攫取炙手可热的高官，被称为"红顶商人"，如"成也红顶，败也红顶"的胡雪岩。

在20世纪90年代，伴随中国掀起的新一轮"经商热""下海热"，"红顶商人"胡雪岩成为"下海人"的榜样，一时间社会中有关胡雪岩的影视剧、图书铺天盖，大有"时人谁不识胡雪岩"的盛况。然而当"经商热"消退之后，胡雪岩也很快从人们的视线中消失，就如同胡雪岩发迹快、衰败也快一样。

在杭州闹市区，有一座富丽堂皇的晚清官宅隐藏其中，这座官宅虽然占地不广，却修建得非常奢华，这就是胡雪岩故居。在胡雪岩故居，有中华人民共和国前总理朱镕基2002年参观此地的题词。细细品味，题词道出了胡雪岩兴败之速的奥秘，也给那些热衷于做"红顶商人"的投机者当头棒喝。朱镕基的题词为：

> 胡雪岩故居，见雕梁砖刻，重楼叠嶂，极江南园林之妙，尽吴越文化之巧。富埒王侯，财倾半壁。古云：富不过三代。以红顶商人之老谋深算，竟不过十载。骄奢淫靡，忘乎所以，有此致之，可不戒乎？

这位中华人民共和国前总理的曾伯祖父——朱昌琳，基本上和胡雪岩同时代，也是经商致富成为晚清长沙首富，但他却和胡雪岩走了不一样的道路。经商致富的朱昌琳虽然与朝廷官员关系密切,红极一时,但并没有利用官权大发横财,而是在实业救国、教育救国、慈善道路上身显名扬,成为受人敬仰的一代乡贤。

第一节 皇明后裔

长沙首富朱昌琳一族,系出明皇室后裔,身上流淌着朱元璋的血脉,这并非坊间传闻后世攀附,也非文人杜撰,是能从朱昌琳家族谱牒及相关史料中得到印证的。

朱元璋出身贫民,"上世以来,勤服农桑"[①]。因为家贫,朱家供不起孩子读书,我们从朱元璋祖父辈的名字就可以看出,朱元璋的祖父叫朱初一,叔祖分别是朱初二、朱初五、朱初十;朱元璋的伯父叫朱五一,父亲叫朱五四;伯父和父亲各生四子,名字从重一一直往下排,朱元璋排行老八,名字叫朱重八。从史书记载来看,朱元璋的曾祖父、祖父、父亲数辈人,从南京句容迁至泗州盱眙,再迁到濠州钟离(今安徽凤阳),日子过得比较拮据,经常欠官府税款,不得已只好四处流荡,靠淘金或打长工度日。

元至正三年(1343),朱元璋的老家濠州发生严重的旱灾,次年春天又发生蝗灾和瘟疫。在这灾荒之中,朱元璋的父亲、母亲、兄长相继去世,只剩下朱元璋和他的二哥。可怜的朱家连收殓亲人的棺材和坟地都没有,兄弟二人只能找几块破布将亲人尸骨掩埋。为了活命,亲人只得别离,四散逃命,自寻活路。

朱元璋为了活命,在皇觉寺剃度做了一个小沙弥。在那个灾荒年,和尚的日子也不好过,朱元璋又离开寺院四处乞讨,自然也受尽了人间的各

[①]〔明〕吕毖:《明朝小史》卷一《洪武纪》,正中书局影印《玄览堂丛书》本,民国30年。

种疾苦。

至正十二年（1352），朱元璋在幼时伙伴汤和的邀请下，参加了郭子兴的红巾军。他的才能很快就得到充分发挥，他在军队的地位也越来越高，渐渐成为元末农民军的一方领袖。经过多年的征战，江南以及中原大部都落入农民军手里。打败了元朝，原来的各路势力又开始了互相兼并征伐，朱元璋的才智得到极大发挥，实力越发雄厚，蚕食了江南各方势力，吞并陈友谅，消灭张士诚，歼灭方国珍，最终，江南全部落入朱元璋之手。

至正二十七年（1367年），朱元璋发布檄文《谕中原檄》，提出"驱逐胡虏，恢复中华，立纲陈纪，救济斯民"[①]的纲领，酝酿北伐中原，开始统一全国的步伐。次年，朱元璋在南京称帝，国号大明，年号洪武，1368年即洪武元年。至此，出身濠州一个贫民家庭的朱元璋，完成了人生的华丽转身，成为大明王朝的开创者，历史也进入了一个新时代。

一、藩王分封

不管是汉高祖刘邦，还是明太祖朱元璋，一旦贵为天子，原来一起打天下的患难兄弟就不可避免成为其统治的隐患，总是要想法加以剪除。刘邦为了刘氏政权的长久，竟然喊出了"非刘氏而王，天下共诛之"的口号，说白了天下是刘家的，其他人想都别想。朱元璋更是如此，为了确保朱氏王朝的长治久安，为子孙后代计，竟设计陷阱剪灭了一个个为大明王朝立下赫赫战功的功臣良将。他们最信任的是谁？就是自己的一脉子孙。所以汉代也好，明代也罢，全国大片土地都被分封给自己的子孙，汉代是诸侯王，明代是藩王。这些藩王，都是皇帝的血脉骨肉，自然不会与朝廷离心离德，自家人统治自家天下，如朱元璋所说"以藩屏帝室，国祚永久"，就是用藩王权力来拱卫中央，这样便也不用再花心思防备那些异姓

---

① 《大明太祖高皇帝实录》卷二十六。

功臣了。

于是乎在明代历史上,藩王政治成为一大特色。洪武年间分封的藩王,不但待遇优厚,而且军政权力极大。尤其是他们手握兵权,像宁王、燕王、谷王、辽王等王爷更掌握着精锐武装,个个雄视天下。明太祖死后,皇孙朱允炆继位,是为明建文帝。建文帝登基后,对那么多拥兵自重的叔叔辈藩王们深感不安,于是就采取措施削弱藩王的权力。这引起了藩王们的不满,于是以燕王朱棣为首的藩王们打着"清君侧"的旗号开始造反,最后建文帝兵败,不知所终。朱元璋当年设计的用自己的骨肉拱卫江山的设想,最终演变成骨肉相残的惨剧。

明朝的藩王制度,还有一个最大的麻烦,就是历代分封不断,只要是皇室子弟,身上流淌有朱家的血脉,就要分封爵位,就是要用国家的财政把这些王爷养起来。明代的藩王靠着朝廷的优厚待遇,自然也是妻妾成群,王爷们治国本事没有,贪图淫乐享受却是一个赛一个,朱家这棵大树枝繁叶茂,人丁兴旺。这些子孙只要沾上朱家血脉,生活就不用发愁,所有的花销都由朝廷承担,日久天长,朱氏子孙越养越多,财政负担也越来越重。

明朝藩王的开支究竟有多大?我们了解一下藩王制度就知道:皇帝的长子是太子,要继承皇位,其他儿子都要封王;亲王的世子继承王爵,其他儿子都是郡王。郡王的长子袭爵,其他儿子要封镇国将军。再往下,镇国将军的儿子封辅国将军,辅国将军的儿子封奉国将军,奉国将军的儿子封镇国中尉,如此世世代代分封下去,可不就是一个天文数字。只要是皇室成员,生下来就有官做,就有俸禄拿,宗室成了国家财政养活的寄生虫。

再看一下藩王财政的开支:亲王的俸禄,即禄米,每年就有一万石,郡王是两千石,镇国将军一千石,辅国将军八百石。其他的各类爵位,也都有一定的数额。另外每年还有各色赏赐,赏赐甚至比固定俸禄还多。对于大多数藩王来说,政治上没有自由,行动上也受到一定的限制,没有皇帝诏令，只能待在自己的属地，不能轻易离开藩王属地。许多藩王开始追求奢靡的生活，娶妻纳妾，子嗣甚多。他们生了孩子也不需要花自己一文钱，全由朝廷供养，于是明皇室成员的人数就像滚雪球一样越滚越大。据《宗藩条例》载，嘉靖四十四年（1565），宗室玉册现存人口就达到了28840人。徐光启在《处置宗禄查核边饷议》中提到，万历二十二年（1594），玉牒属籍10万余人，而万历三十二年（1604），属籍人口已增至13万人，直言"十年而增三分之一，即又三十年余一倍也"。天启、崇祯年间的宗室人口未见有记载，但如此推算，崇祯年间，属籍人口或可有30多万。想明初朱元璋有26个儿子，200多年后竟可达到30多万，令人咋舌。

对于明朝历代皇帝来说，藩王问题是最令人头疼的。明初的皇帝，害怕藩王们造反。明中期以后的皇帝，愁怎么养活这群人。

明太祖朱元璋一共有26个儿子，除了第9子1岁刚封王就病死、第26子满月早夭无封王，其他24个儿子在明初的分封中都得到亲王的封号，并有自己固定的管制区域。这24个藩王中，与我们本书主人公朱昌琳有极大关系的是朱元璋的第18子朱楩。

朱楩，出生于洪武十二年（1379），母亲是朱元璋的妃子周氏。在朱元璋的26个儿子中，排行十八。虽然朱楩不是嫡出，但作为皇子从小也受到了该有的优待。

洪武二十四年（1391），朱元璋分封诸王，朱楩被封为岷王，封国在岷州卫（今甘肃岷县），属于比较偏远的地区，地处大西北。但岷王朱楩年龄尚小，只有12岁，加之母亲周氏苦苦哀求，朱元璋也不忍心他这么小就远离自己，动了恻隐之心，就把他留在身边。这样朱楩虽说封

岷王朱楩像

了亲王，却一直没有到自己的藩国就任。四年以后，也就是洪武二十八年（1395），为了加强对云南的统治，朱元璋派亲王前往镇抚，岷王朱楩被改封云南。这一次朱楩没有理由不就藩，他离开京师，一路西行，经过大半年的辛苦跋涉，才到了西南边陲云南昆明。

岷王朱楩坐镇云南，此时的他已不是当年封岷王时的12岁少年，已经成为十六七岁的青年。在云南，他仗着自己藩王特权，不把云南的文武官员放在眼里，又与长期镇守云南的西平侯沐春不睦，在军事、民事上多有纠葛。

洪武三十一年（1398），明太祖朱元璋驾鹤西去，明朝围绕着皇位继承展开了厮杀。在朱元璋的26个儿子中，朱元璋最喜欢的是太子朱标，其次是燕王朱棣。太子朱标好读书，秉性仁厚，有仁者风范，是和平盛世的理想大统继位者；燕王朱棣雄才大略，颇有父风，因此被封到元朝的故都北京，节制着当地的军队，加上他直接指挥的"护卫"，地位和权力尤其特殊。

如果太子朱标能顺利即位，大明朝也许就不会发生因争夺皇位而出现的混乱。然而，太子朱标早已于洪武二十五年（1392）去世，谁能继任太子，一时成了悬念。朱元璋为了大明江山，他没有选哪个儿子继任太子，而是封朱标的儿子，也就是自己的长孙朱允炆为太孙。其实这就等于昭告天下，朱允炆是未来帝位的继承者。

洪武三十一年，明太祖朱元璋去世，朱允炆继承大位，这就是建文帝。建文帝即位后，面对着十几个手握大权的叔叔忐忑不安，于是采纳了大臣的建议进行削藩，准备削夺藩王们的权力。建文元年（1399），于沐春死后承袭西平侯的沐晟上奏朝廷，罗列岷王朱楩一系列不法罪状。建文帝正愁找不到借口削藩，西平侯的上奏为建文帝削藩提供了实实在在的由头，于是这年八月，建文帝下诏削藩。

建文帝削藩，岷王朱楩成为第一个打击对象。在西平侯上奏后，建文帝将朱楩的王爵剥夺，并令其徙居漳州。朱楩的藩王封号被削，是其罪有应得，但这一信息让其他藩王们惴惴不安，他们害怕哪一天建文帝为了自己的皇权而削夺自己的权力。各路藩王表面上不动声色，暗地里却在四处加紧活动。不久，建文帝又下诏，令朱楩从漳州返回京师，表面上是加以训诫，实际上是加以禁锢，限制其自由，他也担心朱楩会心存不满，联络其他兄弟反对自己。

四年以后，朱楩的四哥燕王朱棣在北京发动靖难之役，打着"清君侧"的旗号，实际上是以武力推翻建文帝，自立为帝。历史发展的结果我们都清楚，许多藩王都站到了朱棣一边，很快燕王的部队就打到了南京，建文帝也不知所终，有人说死于战乱，有人说逃离南京，更有人说出家做了和尚。

推翻建文帝之后，为了显示"亲亲之义"，明成祖朱棣一上台就下令恢复了被建文帝削去藩王的五个弟弟的爵位，其中就包括朱楩的岷王藩号。永乐元年（1403）五月，明成祖朱棣看在兄弟情分上，恢复了朱楩的爵位，令其回云南就藩。朱楩回到云南后，与西平侯更是水火不容，积怨更深。同时朱楩仍为非作歹，仗着权势，哪个衙门不听他的话，说收了人家的印绶就收了印绶。更要命的是，他仗着王爷的身份滥杀无辜，不知有多少云南吏民死于其手。朱楩的所作所为，激起云南百姓的不满，西平侯更是不断参本。

永乐十八年（1420），他又被明成祖削了爵位，迁回京师。毕竟朱楩和明成祖是兄弟，永乐二十二年（1424），明成祖将其封国移到湖广武冈（今湖南武冈），从此岷王藩府就一直寄治在武冈，武冈也就成为后来岷王一系的起源地。

二、武冈朱氏

从岷王朱楩迁居武冈，至崇祯十六年（1643）最后一代岷王朱企鏖，岷王一系在武冈传了八世二百多年。

明太祖朱元璋有子26个，除第8子、第26子早夭，为了各王世袭传承，他为24个儿子及侄孙各拟二十字。宗室命名以上一字为据，而下一字起五行偏旁，以五行之火、土、金、水、木为序。这就是说，明太祖给每个儿子各取二十个辈字，然后按照五行相生的规则起名。这个世系从明太祖的孙子辈开始排起，而五行从儿子辈就开始算。明太祖儿子的名字全部是木字旁的单名，孙辈则按字辈和五行取双名。这样岷王一系的字辈就是：

徽音膺彦誉，定幹企禋雍。

崇理原谘访，宽镕喜贲从。

从这个世系来看，中华人民共和国前总理朱镕基就是岷王的后裔，算来应该是明太祖朱元璋的第十七代孙。这是后话。

自从岷王朱楩迁到湖南武冈，名义上虽保有岷王的藩号，却没有藩府，只能暂居在府衙，日常生活形同监居。鉴于他过去有过诸多不法勾当，明仁宗对他还是不放心，名义上给他藩王的封号，其实是让地方官员监督管教他。这样一直过了好几年，岷王的藩府才建起来。景泰元年（1450），岷王朱楩去世，享年72岁，他是朱元璋儿子中活得最长的一个。

从永乐二十二年到景泰元年，岷王朱楩在武冈生活了20多年。在明代诸藩王中，朱楩可以算是一个到处漂泊的藩王，顶着岷王的头衔，却一天也没有到岷王藩地就职过，从南京到昆明，从昆明到漳州，从漳州到南京，从南京又到昆明，最后落脚武冈，直至终了。尽管在武冈没有藩王府邸，但朱楩也丝毫没有放下藩王的架子。在武冈民间有很多传说，不论是存续至今的武冈古城，还是数座古桥，都与朱楩有关。

武冈坐落于湘西南边陲河源区域，境内主要河流有资水、巫水、渠水与浔江等。历史上，住在河流两岸的武冈人为了方便交通与生活，修筑了各式各样的桥梁。其中有五座带"龙"字的桥，传说与朱楩有着一定的联系。这五座桥为"兴龙桥""攀龙桥""游龙桥""让龙桥""化龙桥"。

民间传说，朱楩定居武冈后，发誓也要过一回"皇帝"的瘾，于是大兴土木修建了王城，引来渠水作为王城的天然屏障，在渠水上建造了这五座桥梁。他将第一座桥取名为"兴龙桥"。第二座桥来不及命名，他便一命呜呼了。百姓觉得他是朱元璋的儿子，于是就把第二座桥称为"攀龙桥"。百姓认为岷王是一个花花太岁，作为皇室宗亲，唯一问鼎皇位的可能便是皇帝把皇位让给他，这样，第三座桥"让龙桥"就在百姓的口中传了下来。在百姓心目中，岷王一直是条漂游不定的野龙，于是就把第四座桥称为"野龙桥"，后来人们将"野"字改成"游"字，叫"游龙桥"。岷王一死，当皇帝的野心如同南柯一梦化为泡影，人们将第五座桥取名"化龙桥"。

兴龙桥

攀龙桥

朱梗去世后，其子朱徽煣上疏明代宗朱祁钰，以为父亲朱梗办理丧事为由请求朝廷赐钱。朱祁钰不假思索拨银两万两和布料等给岷王朱梗办丧事。朱徽煣又上疏说武冈这地方不安全，担心父亲的坟墓会被人盗掘，希望将朱梗灵柩迁至原来封地云南昆明安葬。朱祁钰这次没有答应，而是下令就地安葬。

于是，岷王朱梗就在武冈安葬。

朱梗死后，岷王一系再也没有离开过武冈。自朱梗后，岷王一系在武冈一共延续了八

化龙桥

世，即：

岷庄王（朱梗）→岷恭王（朱徽煣）→岷顺王（朱音垡）→岷简王（朱膺钺）→岷靖王（朱彦汰）→岷康王（朱誉荣）→岷宪王（朱定燿）→岷哲王（朱禋洪）→岷显王（朱企鋀）。

有明一代，岷王一系在武冈过着王爷的生活，繁衍生息。明末崇祯年间，朱企鋀继任为岷王后，为了加强自己的统治，竟然连朝廷派来的知府都不放在眼里，他以知府陶珙顶撞忤逆为由，私下夺其职权。后令武冈百姓重修州城。这是武冈城墙修建史上第五次也是最后一次大的工程。朱企鋀骄横跋扈，目空一切，为了早日完工，他不顾民工死活，要求民工日夜赶工，还亲自到场巡查督工，发现稍有不力、怠慢者，就命手下以鞭刑

武冈明城墙

伺候，行事严酷暴虐，死者载道，民工敢怒不敢言。

末代岷王的贪暴终于激起了民变，崇祯十六年（1643）不堪压迫的武冈百姓在袁有志的号召下，发动起义。起义军很快攻破城门，生擒岷王朱企鐵父子，并将其斩首灭门。

明末农民起义军，不论是李自成的还是张献忠的起义军，每攻下一座城池，最先倒霉的就是大明王朝散居在各地的藩王以及藩王的后代。想一想大明王朝立国二百余年，分封的亲王达87个，郡王达924位，总人口达几十万。这些亲王、郡王以及宗室成员，在明代享受着奢华的生活，因此起义军每攻下一座城池，最先占领的就是王府。攻占王府的最终目的还是掠取王府的金银财宝，当然对于被俘的明朝宗室也不会轻易放过，杀尽朱姓宗室成为明末起义军的一大特点。

翻开史书，这方面的记载数不胜数。如崇祯十四年（1641）正月二十日，李自成攻克洛阳，抓获福王朱常洵，最后将其杀害。坊间传说李自成义军捕获朱常洵后，将其投入一口大锅，活活煮死，并将其肉分而食之。明末清初学者彭孙贻在其著作《平寇志》中提到了朱常洵的死："闯贼迹福王所在，执之。王见自成，色怖乞生。……贼置酒大会，脔王为俎，杂鹿肉食之，号福禄酒。"① 崇祯十六年，李自成攻克太原后，下令"捕晋宗室四百余人，送西安，悉杀之"，后由于"恐宗人为变，闭门搜捕，得千余人，杀之海子堰，若歼羊豕"。② 不久，李自成军攻克大同，又在短短6天之内，诛杀代王朱传齐以下4000多名王室。投降李自成的山西太原总兵姜瓖在启本中说："云之宗姓，约计肆千余，闯贼盘踞六日，屠戮将尽……"③

作为明末农民起义军的另一个领袖，张献忠同样对朱氏宗室毫不留情，不仅没收他们的财产，对明宗室更是赶尽杀绝。崇祯十四年二月，张献忠攻下襄阳，执襄王朱翊铭于南城楼。朱翊铭跪地乞生，张献忠赐给了他一杯酒，说："吾欲断杨嗣昌头，嗣昌在蜀，今当借王头，使嗣昌以陷藩伏法。"接着"杀之城上，焚城楼，投尸于火"。④ 张献忠还下令没收宫中的全部财产，并"王府金银无算，发银五十万以赈饥民"；崇祯十六年五月，张献忠攻下武昌楚王府，俘获楚王朱华奎，将楚王活沉西湖，宫殿楼阁近千间也被付之一炬。"尽取宫中积金百余万，辇载数百车不尽"⑤，对明宗室斩尽杀绝，其手段令人发指。

有明一代，皇族子嗣众多，但在明末战乱中，皇族的死亡率也是最高的。明末起义军诛戮皇室成员，最大的特点是坚决、彻底。只要是朱元璋的后代，不论是主动投降还是被动俘获，不论是立地不跪还是苦苦求生，

---

① 〔清〕彭孙贻：《平寇志》卷四，上海古籍出版社，1984年。
② 〔明〕吴伟业：《鹿樵纪闻》卷中，中华书局，1985年。
③ 《清代档案史料丛编》第四辑，中华书局，1979年。
④ 《明史》卷二五二《杨嗣昌传》，中华书局，1974年。
⑤ 《明季北略》卷十九《张献忠屠武昌》，中华书局，2012年。

不论是拒交财宝还是痛痛快快地献出所有财富，结果都是一样：一律诛灭。史书中涉及王府在兵锋下的遭遇，所用的词大多是"尽""皆""合族"。张献忠攻占常德，"荣王宗室殆尽"。攻克重庆，蜀王朱常浩及其家人被"尽杀之"。史书记载："凡王府宗支，不分顺逆，不分军民，是朱姓者，尽皆诛杀。"①

崇祯十六年，武冈被攻破以后，岷王的后代不下千余口，被杀的被杀，逃亡的逃亡。没有被张献忠屠戮的岷王后裔唯一的选择就是四处逃散，为了保住性命，甚至改换姓名，隐居山野。

清朝建立，为了扑灭南明小朝廷的反抗，对朱氏皇族同样举起了屠刀。历经明末屠戮，惊魂未定的朱姓皇族更是战战兢兢，他们流散各地，不得不隐姓埋名。再高贵的皇族血统在屠刀面前，一文不值，能保住性命，为朱氏家族保留一点血脉，或许才是他们最大的奢求。

明末清初，从武冈岷王府逃出来的诸多岷王后裔，分道扬镳，四散逃命，其中一支从武冈一路向东、向北，到达安徽南陵（今安徽南陵县）。清初这一支朱姓人又从南陵返回湖南，其中有数人最后在长沙县安沙镇和平村棠坡停留下来，定居于此。这就是长沙朱氏的历史。

第二节 棠坡起家

我们本书所要介绍的主人公朱昌琳，就是棠坡朱氏的后人。

棠坡朱氏的始祖就是从武冈逃出来的岷王后裔。

据《棠坡朱氏家谱》记载，崇祯十六年，武冈被攻陷。暴动的百姓冲进岷王府，处死了最后一代岷王和他的儿子，岷王府被洗劫一空。岷王子孙四散逃离，为了躲避耳目，从岷王府逃出去的人不得不隐姓埋名。岷王

---

① 佚名：《纪事略》，载《甲申纪事》，中华书局，1959年。

第八代"企"字辈中的一人隐去辈分名，改名朱小鲁，从武冈出逃，先逃到南陵，后又从南陵返回湖南，最后在长沙县棠坡定居下来，他就是棠坡朱氏的始迁祖。

朱小鲁虽然历尽艰辛，逃出了岷王府，暂时保全了性命，但在明末清初那个混乱的时代，明朝宗室还是受到当政者的忌惮，他们尤其害怕这些明朝宗室借光复大明的旗号，起兵造反。因此清朝当政者对明朝皇室处处戒备，只要发现谁是藩王的后代，必将其斩首。所以朱小鲁在避居棠坡的日子里，处处小心，不敢以岷王世袭字辈露面，更不敢恢复真实姓名。

朱小鲁对自己的血统闭口不言，千般小心，害怕一不留意招来杀身之祸，但仍念念不忘自己的出身，他的身上流着朱元璋的血脉，朱元璋为岷王一系取的字辈他牢牢记在心里。虽然明朝如大江东去，难以恢复，但其子孙是不能忘本的，总有一天他的子孙会以太祖命名的字辈延续朱家血脉。儿子出生后，朱小鲁仍然不敢用朱元璋定下的辈分字"禋"为孩子取名，只能给孩子取名朱其美。

朱小鲁是棠坡朱氏第一代，朱其美为第二代，朱其美的儿子出生时，明朝灭亡已经几十年了。清朝的江山稳固，再也不用担心明朝宗室借机作乱，因此也就取消了对明朝宗室的诛杀令，明朝宗室的后代得以过正常生活，朱氏皇族后裔以太祖定下的取名字辈重新开始出现在家族子孙的命名中。棠坡朱氏第三代，也就是岷王第十代朱雍松取名时，便以字辈取名。棠坡朱氏第四代朱崇相、第五代朱理泰，均是以字辈取名。

自从朱小鲁迁居棠坡后，虽然血管里流着朱氏血脉，但皇族的身份和地位已不在，他们只能凭自己的本事吃饭。即便如此，他们和普通的农民还是有一定的区别的，"读书"二字一直被家族传承，不管生活再艰难，孩子也要读书。生活在棠坡的朱氏后人，一直没有荒废学业。在封建时代，大多数的百姓都是目不识丁，在乡村能认识几个字，略通诗文，也算是文化人了。棠坡朱氏子弟很少像普通农民一样以耕田纺织为生，而多以传授知识作为生活手段，要么教书，要么行医。棠坡朱家几代人都以行医、教书为生。

一般认为，棠坡朱氏一族是到了岷王一系第十三代朱原善时，东山再起，成为当地的名门。

长沙棠坡朱氏老宅

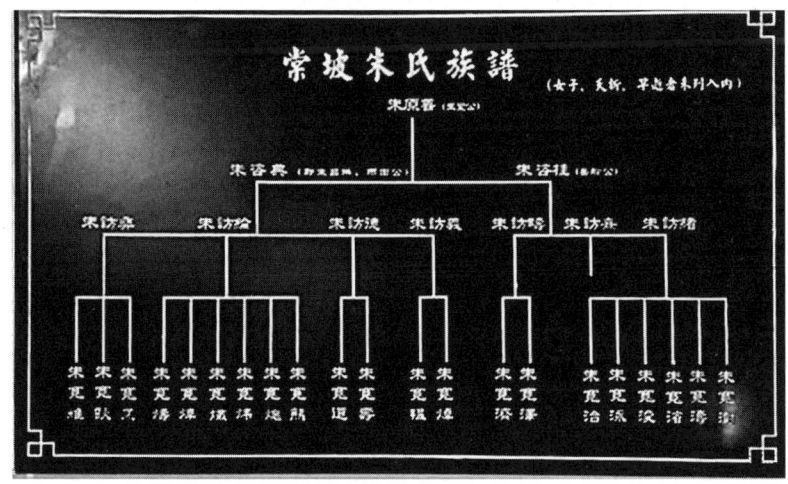

棠坡朱氏族谱

朱原善，字玉堂，又称玉棠，生于乾隆四十八年（1783），逝于同治三年（1864），活了82岁。朱原善是通过什么途径让棠坡朱氏东山再起，一举成为当地名门的，我们不得而知，他的事迹史书上也少有记载。在今天湖南长沙县安沙镇和平村的棠坡，有两处长沙市级文物保护单位，一处是棠坡清代民居棠坡大屋（由棠坡、恬园、朱氏宗祠组成），另一处是恬园前左侧山坡上的朱玉棠墓。

朱玉棠墓

朱玉棠墓，墓冢为圆形，墓围都是用三合土筑成，墓围中立有四柱三碑，主碑上刻"皇清诰授　光禄大夫显祖朱公玉棠大人之墓"，左附碑上刻"生于乾隆四十八年癸卯十月初八日寅时　殁于同治三年甲子十二月初二日寅时"，右附碑上刻"朱云谷堂　敬立"等字样。

"皇清诰授"是清代皇帝授予官员的封号，仅具名誉，没有实际职权。五品以上称诰授，五品以下称敕授。"光禄大夫"是清代文武官员之官衔，正一品为光禄大夫。

朱原善的正一品头衔，是在什么时间由哪个皇帝颁授的，文献上没有记载，朱氏家谱也语焉不详。棠坡朱家把朱原善作为家族中兴的关键人物，的确有些让人生疑。从有关记载的内容来看，我们或许能了解一些蛛丝马迹。有文献记载，说朱原善"自幼天分过人"，"年十四出应童子试,即常列前茅",[①]后因父亲去世、家道拮据,乃出外就馆,曾入长沙府幕,后在省城草潮门开一小碓坊以营生。作为棠坡朱家的中兴人物,朱原善并没有什么过人之处,也还是如同他的先人一样,主要以教书为业。尽管他自幼聪明,极有读书的天赋,却似乎与科举无缘,他最高的荣誉也就是参加了童子试,成绩"常列前茅"。

清代的童子试只是科举考试的第一步,就这第一步也不是那么轻松就能通过的,首先要经过县试,即考生所在县的考试,由县令主考;县考通过后进入更高一级的府试,府试通过后,还要参加由各省学政或学道主持的院试,只有过了这三关,才能被称为"生员",也就是我们俗称的"秀才"。有了秀才身份,基本上算得上一个读书人,也会获得一定的特权,比如可以免除差徭、见知县不跪、知县不能随便用刑等。文献中所说朱原善参加童试,"常列前茅",获得了秀才的荣誉。不过也仅仅是获得秀才,距离中举、中进士还差得很远。最后因为家贫不得不外出"就馆",其实就是当了别人家的私塾先生。有点积蓄后,在长沙开了一个小碓坊,其实就是舂米作坊,也算不得什么值得荣耀的事情。可为何他却成为棠坡朱家的中兴人物?

实则,朱原善其实是沾了儿子的光,是死后才获得朝廷颁赐的带有表彰性的封号。他有着一个名扬天下并成为长沙首富的儿子——朱昌琳。真正让棠坡朱家走向辉煌的不是朱原善,而是他的儿子朱昌琳。朱原善在世的时候,朱家并没有发迹,他也没有获得皇帝的诰授封号。在他死后,儿子朱昌琳对社会和国家贡献良多,这才有了皇帝的诰封。

棠坡朱家,真正让人称道的是朱昌琳。

---

① 《棠坡朱氏家谱》卷十,朱昌琳撰《祭赠公玉堂府君文》民国13年刊。

第二章 攫取人生第一桶金

对于经商者来说，赚取人生的第一桶金很重要。有些人靠机遇赚取了人生的第一桶金，有些人靠某种机缘得到贵人相助获得人生第一桶金，当然还有一些人凭着自己对时局的把握，赚取了人生第一桶金。

不管靠什么取得人生第一桶金，并成为以后发家致富的基石，有一点我们不能忽视，就是此人绝非完全靠运气，最主要的还是要靠他的真才实学。经商致富绝非我们想得那么简单，成功者一定有一套他自己的经商诀窍。

棠坡朱氏自清初到棠坡以后，在此隐匿了一百多年。尽管是明朝宗室的后裔，但他们一直不敢向外人透露半点家世。他们秉承耕读传家的家风，默默在乡村繁衍生息。直到道光年间，朱昌琳取得了人生第一桶金，彻底改变了朱家的生活状况，成为了当地有名的富商。

第一节　落榜秀才平生恨

棠坡朱氏的始迁祖朱小鲁自从在棠坡定居下来后，一直隐姓埋名，过着平平安安的普通生活。很难在这支朱家子孙身上找到恢复明王朝、重整天下的雄心壮志，虽然不能再过上富甲天下的王爷生活，但他们却也不甘心平庸无为在乡野山村度过余生。这支朱家子孙在其家风家训的传承中，始终没有忘却耕读传家。

一、读书科举路漫漫

棠坡朱氏在徙居棠坡的最初数代里,并没有大富大贵,也没有获得命运青睐通过科举改变人生,但他们也不是白丁,家族子孙不论再清贫,也要读书。在棠坡朱氏家谱中,历代族人都受过一定的文化教育。

在国民教育不发达、不充分的封建社会里,目不识丁者只能困守在几亩土地上做一个小小的自耕农,或依附于封建地主豪强,想有大的发展,难上加难。朱家恪守读书的传统,为朱家子孙带来了不一样的人生发展契机,棠坡朱氏入清数代都在行医和教书,这样的家训训导和家风培育为朱氏子孙的立世生存打下了基础。

我们在隆重推出本书的主人公朱昌琳之前,简单介绍了棠坡朱氏的发展,目的在于告诉读者,棠坡朱氏在清代并不是什么显赫家族,虽然身上有明朝宗室的血统,但那已是时过境迁,在新的王朝面前,在新的权贵面前,他们的这点皇家血统并不能给他们带来额外好处,反而有可能招来杀身之祸。

在历史上,很多名人都把"耕读勤家""耕读传家继世长"作为首选家训训导子孙,有一定的道理。重视教育、重视文化是那么多名门望族昌盛的秘诀,不论时代如何变化,读书永远是个人与家族长久发展的基石。棠坡朱家尽管是没落的前明皇家,读书传家这点家训还是坚守得相当牢固,也因如此才有朱昌琳的发迹。

我们在参观棠坡朱家的发迹地棠坡时,能看到的家族遗迹都是清代的,多是朱昌琳暴富以后修建的。追寻朱昌琳的轨迹,就要从他的父亲朱玉堂说起,今天棠坡朱氏家族世袭图谱都是把朱玉堂放在首位的。

中国民间有一俗语,"三十岁之前看父敬子,三十岁之后看子敬父"。什么意思呢?就是说一个人三十岁之前,尚未成家立业,别人之所以尊敬你,看得起你,并不是你有多大的本事,更多的是因为你的父亲,这就叫作"看父敬子";三十岁之后,你通过个人的努力,事业有成,人们尊敬你,自然对你的父母也会尊敬有加,这就叫作"看子敬父"。在朱昌琳发迹之前,父亲能给他带来的环境和资本,对他以后的发展很重要,也决定了他事业的高度和积累速度。

棠坡朱家发展到朱玉堂一代时,时间已是清乾隆朝中后期,正处于康乾盛世的荣光里,尽管在乾隆后期社会中已经出现了动摇封建盛世的因素,但君臣们还是沉浸在盛世的光环里,过着纸醉金迷的生活,他们对于社会潜藏的危机少有思虑。就是在这种社会环境下,棠坡朱家的继承人朱原善诞生了。

前面我们已经说过,棠坡朱家基本过着教书和行医的生活,虽不大富,却也能度日。朱原善出生时,朱家也是过着这样的生活,依照朱家重视读书的传统,朱原善从小就在父亲的督促下勤学苦读。

家谱中说他四五岁就进入乡村学堂读书,那应该是私塾,读的是《三字经》《百家姓》等启蒙读物。朱原善还真是聪明,领悟力比较强,很快就把儿童阶段的启蒙书籍读完了。朱原善十几岁时,摆在他面前的有两条路:一条是继承家族传统,教书当一名乡村私塾先生,过着稳稳当当、不穷不富的生活;一条是坚持把书读下去,走科举取士的道路。

朱原善的父亲朱礼泰还是为儿子设计了读书科举的路子,想以此改变朱家的家庭面貌和社会地位。在那个时代,家庭但凡能供养起孩子读书的,都会毫不犹豫支持孩子读书,走科举取士的道路,都梦想着自己的孩子有朝一日能高中魁首,博取功名,光宗耀祖。朱原善的父亲鼓励他走读书做官的道路,在父亲的督促下,朱原善把所有时间和精力都用在了读书上。他读完私塾后,就开始了正常的科考人生路,一步步往上走。在清代科举道路上,每一个阶段的考试都比登天还难,有些人或许考了几十年,结果也只是个秀才。朱原善天生资质不错,从十三四岁就开始参加童子试,每一个阶段的考试都名列前茅,获得了秀才的身份。

就在朱原善准备参加乡试时，家庭发生了意想不到的变故——父亲重病。父亲是一家之主，一家人的生计都得依靠父亲的劳作来维系，朱礼泰的生病，使得家庭的生活来源被迫中断，生活陷入穷困。在传统社会，尤其是乡村社会，除了天灾人祸，疾病是一个普通家庭面临的头等大事。

在父亲生病以后，为了一家人的生活，朱原善不得不离开学堂，放下书本，告别老师，回家伺候父亲，挑起家庭重担。没过多久，父亲朱礼泰驾鹤西去。朱原善再也不能像其他考生一样专心读书，精进于仕途，他得养家糊口，照顾一家老小，承担起家中长子的责任。他凭着自己十几年的学业积累，受聘到有钱人家办的私塾教书。他以秀才的资历去做启蒙教师，教蒙童读书识字。

朱原善本想通过自己的努力，考取一官半职，改变家庭和个人的命运，但这只能是黄粱一梦了，没有时间和精力允许他在科考的道路上向前跋涉。无奈、伤心、不甘，一切都无济于事。他只能一边当私塾先生，挣取微薄的薪水养家糊口，一边观察着时局的发展，看有没有更好的发展空间。

后来，他还真谋了一份不错的工作——到长沙知府处做幕僚。所谓的幕僚也就是知府的跟班：混得好的可能充当知府的师爷，给知府出谋划策；混得不好的，也就是替知府做一些文案工作。知府幕僚这份差事听起来光鲜亮丽，但朱原善也没有干太久，后来他在长沙草潮门一带开了一家舂米的小作坊，以此为生。

二、皇榜梦断意难平

在长沙待得时间久了，也就习惯了城市生活，对于乡村"日出而作、日入而息"的生活不再留恋。城市和农村的不同，不仅仅是生存环境的不同，发展机会也不一样。正是从进入长沙开始，朱原善开启了朱家另外的发展道路，从传统的以行医、教书为业转向成为行商坐贾，朱家人开始了经商致富的家族发展规划，而这一家族发展路径，将给整个家族带来翻天覆地的变化，也成为棠坡朱家跻身近代中国富商行列的开始。

维系一个小小的舂米作坊，靠的不是智力，更多的是体力，和后世城市中靠体力谋生的人力车夫差不多，唯一不同的是自己不是在给别人打工，而是给自己打工。

舂米行业是一个体力活，和百姓的日常生活息息相关，不管是富人家庭，还是贫民家庭，每天都要吃饭。过去不论是在城市还是乡村，米面不是随时都可以购买，基本上家家户户都存放着稻谷，现吃现舂，作为人们日常生活所不可或缺的舂米业也比较发达。把稻谷加工成大米的流程并不复杂，朱原善的舂米作坊算是小手工作坊，小作坊虽然不大，但关系到人们的日常用度，生意也还不错。这个小作坊并不能从根本上改变朱家的经济条件，只是能够维持温饱。关键的问题是，朱家开始关注商业，从小小的舂米作坊学到了经商的经验。

就在这艰难的日子里，朱原善迎来了自己的第一个儿子的出生，他就是朱昌琳。

朱昌琳，字雨田，又称禹田、宇恬，族名朱谐典，晚年自号养颐老人。朱昌琳出生时，父亲朱原善已经39岁，可谓中年得子。

童年时代的朱昌琳基本上是在棠坡朱氏老宅度过的，南国的山村，风景秀美，给了他无拘无束的生活乐趣。朱昌琳从四五岁开始，接受启蒙教育。

朱原善没有实现的仕途理想，被他寄托在儿子身上。他希望儿子能在科举这条道路上走得更远，为朱家赢得几分荣光。对于朱昌琳的学业，朱原善督促得很严。

朱昌琳年轻时的情况，我们在一些文献中还能略知一二。王闿运在朱昌琳的碑铭中说，朱昌琳"家承儒业，生而和静，屡试，提学以文高见疑"①。1925年10月18日的长沙《大公报》在追记朱昌琳时,说他"业儒,应小试,两发佾生,以未获得青衿为生平一大恨事"。这两条记载为我们了解朱昌琳年轻时的生活状况提供了一些可靠的资料。

朱昌琳开始是按照父亲的规划在科举的道路上艰难跋涉。谁都知道科举之路艰难,但谁也不死心,都想凭借自己的实力跨过这座独木桥。有些人凭着实力,跨过了科举取士的独木桥,有些人却在半道被挤下了独木桥,朱昌琳就属于后者。虽然他很用功,但在众多读书人一起涌向科举取士这座独木桥时,他还是因实力不济被挤下了独木桥。在清代,要想获得科举成功,至少要经过三大考试,这就是生员考试、举人考试和进士考试。生员考试是科举考试的初级考试,就是读书人要想在科举之路上走得更远,首先必须经过生员考试,就是要经过县试、府试和院试,最终被录取的学生才能称为秀才。有了秀才名分,才能参加乡试,乡试通过后获得举人身份。有了举人身份,才能参加会试,也就是进士科考试,考上进士就正式步入仕途。别小看这三级考试,能一路过关斩将获得进士,绝非易事。

朱昌琳参加过数次生员考试,要么是县学考试就被刷下来,要么是府学考试被刷下来,有两次县试、府试都通过了,但又在院试环节出了问题,他的答卷不被主考官欣赏,最终未能通过。朱昌琳在晚清科举考试这条道路上走得并不顺,连一个小小的秀才都没有考取,更别说举人和进士了。

没有考上秀才,对朱昌琳来说实在是人生的一大恨事,诚如《大公报》所言"以未获得青衿为生平一大恨事"。其实这在当时也属稀松平常,不值得大惊小怪,但后来朱昌琳发迹,成为长沙首富、大善人,却连秀才之名也没有获得,于是有人想方设法为他圆场,王闿运在《朱雨田神

---

① 陈书良:《朱雨田神道碑笺释》,《湖南商学院学报》2003年第1期。

道碑》中为其解脱,说"以文高见疑"。王闿运想表达什么意思呢?就是他认为朱昌琳在生员考试时,县试、府试都通过了,到了院试环节,主考官见他的文章水平太高,顿时生疑,觉得以他的年龄不应该有这样的见识,所以也就不敢让他通过。

秀才是科举考试的资格证,也可以说是科举考试的最低"学历"。没有考上秀才,而且是连续多次秀才考试失败,这对朱昌琳来说打击非同小可,他从政当官的路被堵死了,要想发展,必须寻求其他的门路。

第二节　收获第一桶金

没有考上秀才,对一心想在科考路上有所收获的朱昌琳来说打击不小,一句"生平一大恨事"浓缩了朱昌琳的无尽失望和无奈。

但生活还要继续。好在朱家自从迁到棠坡以后,几代人一百多年也没有出过一个举人,更别说进士了,最好的也不过中了秀才,朱昌琳秀才落第也不是什么丢人的事。在朱昌琳辛辛苦苦科考的过程中,支撑一家生活的还是父亲朱原善,朱原善一边在长沙做私塾先生,一边以小小的舂米作坊补贴家用,这样才有条件勉强支持儿子读书科考。

在秀才考试连续失败后,朱昌琳萌生退意,他认为自己不是读书做官的料儿,与其把大量时间浪费在没有希望的科举之路上,还不如实实在在做一些事情,替家庭分忧,替父母解难。于是在征求父亲的同意后,他也拿起教鞭,开始在一些私塾充任教职,当起了私塾先生,教授官宦人家的孩子读书识字。

一、初为塾师

道光朝晚期,朱昌琳曾到长沙官宦人家唐荫云家里做家庭教师,唐荫云曾任荆州知府、湖北按察使署布政使等职,长期在湖北为官,有清誉。

在唐荫云自掏腰包成立的唐家私塾,他负责唐家子女的启蒙教育。按照当时私塾的教课内容,他教授唐家子女传统启蒙读物和认字练字。

唐荫云是长沙人,所以在长沙藩府坪(今湖南长沙黄兴广场一带)建有官宅——唐府。因为是私塾先生,朱昌琳的薪资并不高,一年大概有32串钱,合不到当时的10两银子。这收入并不高,即便唐家提供住所和日常用度,朱昌琳的日子过得也并不舒畅。朱昌琳的父亲朱原善在当私塾先生时还要在长沙开办舂米坊,也是因为私塾先生的薪资不能养活全家,还必须干点儿副业。

当私塾先生,并不是朱昌琳的本意,人到了20多岁还没有一个正当职业,又如何养家糊口?也是为了替家庭分担经济困难,他才不得不从事私塾教职。关于私塾教师的地位,当时有民谣说得好:"家有三斗粮,不当孩子王。"私塾教师的地位是不太高的。

郑板桥有《教馆诗》云:"教馆本来是下流,傍人门户度春秋。半饥半饱清闲客,无锁无枷自在囚。课少父兄嫌懒惰,功多子弟结冤仇。"当然私塾先生也不是识得几个大字就可以充任的,在乡村私塾、义塾,聘请的老师可能水平不高,主要是待遇太低,水平高一些肯定不愿就任。但在一些高官家里或者富绅家里,情况就不一样,他们出的薪资比较高,对私塾教师的资质要求也相对高一些,"必择人品端方,学问通彻,不嗜烟赌,而又不作辍、不惮烦、勤于讲解者,方足以当此任"[①],对人品、学识还是有一定要求的。清代的私塾先生主要是科举落第的秀才,也有童生,当然还有其他情况,比如被贬的官员,他们都是科举考试的才子,还有一些当地有学问有名望的人。

唐家是当时长沙有名的官宦人家,朱昌琳是落第秀才,能被唐家聘为私塾老师,也印证了朱昌琳的人品和学识俱佳。朱昌琳从小受到家庭教育

---

① 《粤东议设启蒙义塾规则》载《得一录》卷十一。

的熏陶，祖上世代都是读书人，旧学功底还是比较深厚的，而且朱昌琳人品很好，诚实守信，性格平和，待人接物有度。这些品质都是唐家看中的。

对于朱昌琳来说，进入唐家做私塾先生，固然是为了生计，但另一方面也是为了展示自己。如果自己的才能和德行被主家赏识，说不准这也是自己出头发财的机会。在唐家做私塾先生的日子里，朱昌琳的操守、学识、人品和能力得到了唐荫云的赏识，很快朱昌琳就和唐荫云成为无话不谈的朋友。机会就这样来了。

二、发财秘诀：把握机遇

商人发财的秘诀有很多种，看准时机、把握机遇，具有超前的战略眼光是一个商人崛起的关键。就在朱昌琳在唐府做私塾教师的时候，大概在道光二十七年（1847），长沙周边喜获丰收。对于农民来说，农业丰收本来是件高兴的事，但看着堆积如山的稻谷，农民们却怎么也高兴不起来。为什么？粮食大丰收，带来的是粮价大跌，平常1000钱一石的稻谷现在才卖到500钱，有的地方甚至跌到1000钱三石，就这样还是没人要。尤其是那些粮商，看到粮食丰收，粮价一跌再跌，更是不敢收购粮食。

谷贱伤农，农民看着辛苦一年的粮食堆在家里卖不出去，心里是何等着急，一家老少等着钱花，粮食却卖不上价甚至卖不出去。

朱昌琳所在的唐家，也面临着这个问题。唐家是朝廷命官，唐荫云在长沙购置有大量的良田，他把这些良田租给附近的农民，每当收获季节，农民把新打的粮食卖出去交给唐家租钱。这一年新谷喜获丰收，但很多稻谷得了白粉病，生了白粉病的稻谷并不影响人食用，就是在稻谷加工成大米后，大米头上都有一个半颗芝麻大小的白色东西。

稻谷卖不出去，农民无法变现，只好把稻谷运到唐家作为佃租。唐家的佃户多拿芽谷来交租，作为大地主的唐家当然不会以平常价来收购，所以把价格压得很低，佃户实在承受不了。以这样的价格交租，即便把所有的粮食交给唐家还不够，还得欠唐家的佃租。很多佃户几乎到了走投无路的地步。

面对此景，朱昌琳也无计可施，他想帮这些佃农，可自己一介穷酸书生，又能怎样？一次偶然的机会，他与几个好友在一起喝酒聊天，闲谈中聊到了谷贱伤农的事情。席间有一位好友对朱昌琳说："雨田兄，你父亲是开舂米坊的老板，你也是唐家私塾先生，好赖家庭条件不错，何不趁此机会多买点粮食囤积起来，放到来年春天再卖出去，一定会有个好价钱，或许可以一夜暴富。"

朱昌琳说："我们家也只是做小本生意，我一个教书匠能挣几个铜板？我们家拿不出这么多钱，不敢奢望。"

朋友的话，在朱昌琳的心中泛起了涟漪。是啊，这是多好的机会，如果趁现在粮价大跌时囤积一部分稻谷，来年春天青黄不接时肯定能卖出个好价钱。朱昌琳心动了，觉得这是一个好机会，有可能会彻底改变人生的命运。

于是，朱昌琳回到舂米坊把自己的想法告诉父亲，寻求父亲的支持。但是，父亲朱原善一盆冷水当头泼下，说："你能有这样的想法，为父支持你，可是你也看到我们家里的情况，只能勉强顾住温饱，从哪里弄那么多钱来进货呢？死了这条心吧，还是老老实实做你的塾师。"朱昌琳本想再和父亲商量商量，看能不能有其他办法，看到父亲满脸沧桑的样子，他不忍心了。的确，一个小小的舂米坊一年挣不了多少钱，也就是维持一家温饱。

难道就这样白白失去机会？朱昌琳有些不甘心，于是他就把自己的想法告诉了东家唐荫云。唐荫云经过长时间的观察，也觉得朱昌琳是个人才，尤其是有经济头脑。与其让佃农把这些稻谷低价折租，堆在粮仓烂掉，还不如进行第二次投资，一则卖给朱昌琳一个人情，二则也是变相借贷，何乐而不为？

唐荫云对朱昌琳说:"先生有这样的想法,实在是太好了。你看我家里现在堆积了数千石稻谷,吃也吃不了,卖也卖不出去,如果你想低价进货,我就把这几千石稻谷按照最低价卖给你,你可以不给我现钱,等明年你把粮食卖出去后,再折合银两还给我就可以。我也不收你利息,原价给我就可以,就当我借给你的。如果还想进更多的粮食,也可以,我借给你钱,要多少有多少。"

有了唐荫云的支持,朱昌琳吃了颗定心丸。他把唐家囤积的稻谷低价买进,又从唐家借了一笔银子,再进一批粮食。万事俱备只欠东风,就等着来年开春卖个好价钱。

朱昌琳尽管在唐荫云家里做塾师,但私塾先生的薪资仅够维持一家人的日常开支。为了生活得更好一些,他也像父亲朱原善一样,一边教书,一边经营小本生意,他开了一家杂货铺,道光二十五年(1845),铺子开始经营粮食生意以便补贴家用。朱昌琳不只是一个穷酸书生,还是长沙城一个小小的工商业者。

朱昌琳精明的商业头脑很快就给他带来了好运。道光二十八年(1848),"七月大雨连旬,禾生耳",而且稻谷生白粉病也很严重,这样的稻谷不能长期存放在家里,时间越长越严重,最后只能扔掉。当时人们也发明了一些办法阻止稻谷生芽,如采用烘焙法,将稻谷烘干储藏,但很多农民并不具备这种条件和资金,很多家庭还是将稻谷堆放在家里,任由它生芽。到年底,粮价大涨,一石稻谷已经涨到千钱。

但对自家收购的粮食妥善储藏的朱昌琳没有急于抛售,他觉得时机还不够成熟,来年的春天,当青黄不接时,粮价肯定还会大涨。年底的稻谷病虫害已经使很多人家没有多少余粮,真正的发财机会在来年春天。

道光二十九年(1849)是己酉年,这一年发生了大范围灾荒。在湖南,水灾严重,形成了湖南历史上的"己酉之荒"。

春节刚过,人们正在准备春耕,从三月开始,湖南各地就开始了持续不断的暴雨天。这雨似乎没有停止的迹象,从三月一直下到六月,整整下了三个月。

湖南各地的方志和文献对这场水灾有大量的记载。

湖南永顺"淫雨。三月十四日至六月初一日,始晴"[1]。

"永顺、保靖雨,自三月至于六月,大水入城,西关桥圮"[2]。

保靖县"二十九年己酉,春夏苦雨,二麦无收,大饥。五月饥荒,道馑相籍,民间多食椿菜及剪草充饥者"[3]。

临湘县"二十九年,自正月至七月淫雨,大水"[4]。

连续几个月的大雨,不仅冲毁了百姓的宅院,更带来了粮食短缺,于是我们在许多历史文献中,看到湖南各地严重的灾情,像古丈坪厅"沿河水田冲刷大半,荞麦无收,米价每斗涨至一千四百文,尚无买处。一切豆粉、杂粮吃尽,猪、羊、牛、马亦尽。饿者挖山中岩蒜和泥而食,死者不计其数"[5]。

随之而来的是粮价大涨,"米价每斗涨至一千四百文","升米百钱","吊米千钱"。

水灾之下,朱昌琳所在的长沙城也不能幸免。长沙周边已是泽国,良田被淹,湖堰被冲毁,濒临河湖的村庄不是被大水淹没,就是被大水冲毁,老百姓为了活命,不得不拖家带口涌入省城长沙。

据史料记载,长达三个多月的水灾,"长沙、善化聚集灾民数十万人,宁乡盈路皆属饿殍……安化斗米八九百文,鬻卖男女仅得斗米之资;至永顺一地斗米值钱三千六百文,官吏地主有以一粉团易一妇者,有以钱四百

---

[1] 同治《永顺县志》卷六《祥异》。
[2] 光绪《湖南通志》卷二百四十四《祥异志》。
[3] 《保靖县志·灾祥》,同治十一年刻本。
[4] 《靖州直隶州志》卷十三,光绪元年刻本。
[5] 《古丈坪厅志·灾祥》,光绪三十三年刻本。

文买一妇一女一子者"。这就是大灾大难面前的百姓生活的真实写照。

关于道光年间湖南的"己酉之荒",有一些文人用笔墨记载下了当时百姓遭受的惨状。清代诗人吴善的《大饥行》把湘楚大地这场灾难描写得真切而凄惨,尤其对水患带给百姓的生活困顿进行了催人泪下的白描:

上天降灾楚大饥,低田水淹高风筛。
去岁村农仅半饱,今春徂夏苦潦滋。
九澧漫漫接洞庭,弥望关彭两点青。
哀鸿满城莩满野,团焦船载出公厅。
火中初霁继大旱,怨水太多源又断。
湖匪梗道泛州难,米价腾贵百钱满。
平世不敢为盗贼,菜根掘尽尽菜色。
乡有仁人籴升斗,市价典钱犹颂德。
搜将荩箧质库填,男裤女裯不值钱。
交易无人市自罢,酒禁不开枯肠煎。
鹄面穿梭道路行,官劝富户活余生。
弱肉强食相抢夺,可怜合米不握盈。
择城中区武庙里,男妇老弱同一起。
垂毙那更受鞭答?一日赈饥数十死。
贤良刺史痛彻心,运米不畏湘水深。
言买仓谷二千石,二千石俸捐廉金。
减价平粜大锣戛,升米制钱四十八。
无奈吏胥弊窦丛,截竹为升金刀刮。
吁嗟烝黎罗劫中,报绝村有几室空。
大路弃儿人不拾,荒年送女姑不容。
更极伤惨遍里间,劝捐劝赈乞无余。
不然沿门差果腹,何至城厢亦如墟!

> 鹿不择音非虚语,僵卧争能避溽暑?
> 稿葬幸有施惠人,招手愿俟少延伫。
> 侧闻藩府巡朗澧,上官远道迂恺悌。

诗人金天羽在后世的一场灾荒中,目睹了诸多苦难,将其与"己酉饥荒"相提并论,他在《悯农·八月二十四日雨,至十月五日止,田庐尽淹,禾稻生耳,自道光己酉以来未有之灾也,嗟我农夫,何以卒岁》中说的:

> 漏天沉沉雨脚直,湖神夜半叩我室。
> 晓看湖云万片低,雪浪蛟鼍翻广泽。
> 今年农夫告大有,底事秋霖忽淫溢。
> 禾稼垂头根烂死,长穗多供雁鸭食。
> 水中捞泥作堤埂,日暮归来脚胂湿。
> 惊蛇入户鱼生灶,瓮无余粮罂乏糒。
> 我家门巷势最高,水过湖心捣衣石。
> 支离庭菊开数丛,螃蟹虽肥不忍吃。
> 米贵便须禁酿酒,岁晚恐难补种麦。
> 一雨四旬方开霁,水土何由分墼宅。
> 垂虹桥下波弥弥,寒菜荒畦试种植。
> 嗟尔流亡曷暂归,鸦阵西风晚来急。

数十万人涌入长沙城,长沙地方官员也还是想尽心帮助灾民,官府进行施粥、赈济,缓解灾民的困难。有些地方绅士,出于人道主义,也奔走呼号,动员省城官绅有钱出钱,有粮出粮,有力出力,帮助那些挣扎在生死边缘的百姓。

而这场大灾难对于有些人来说,则是发财的好机会。历史上这样的例子实在太多。每到灾难发生,一些官员不是积极赈济,而是假公济私,克扣赈济粮款。还有一些地方乡绅,更是趁着灾荒,欺凌灾民。特别是一些商人,尤其是一些关系灾民生死存亡的粮食和食盐的经销商,不是囤积居奇，就是随心涨价，灾民的生死与他们无关，他们只关心能否赚到更多的钱财。

这场大水灾，对于大多数的人来说可能是灾难，但对朱昌琳来说是人生的一次大转折。他手里握着几千石粮食，就如同手里端着一个聚宝盆，如果此时他想出手，一夜之间就可以赚得盆满钵满。

面对粮食短缺和粮价飞涨，朱昌琳没有像有些劣商那样为富不仁，他没有囤积居奇，等待粮价再涨，而是很快就将手中囤积的数千石稻谷出售完毕。

这就是朱昌琳的人生第一桶金。

如果用我们今天的观点来看，这桶金赚得似乎有些不道德，有点趁火打劫的味道。但从一个商人的立场来看，则无可厚非。经商如同战场，有没有前瞻性思维，有没有决胜未来的考量，是衡量一个商业奇才的关键因素。在粮价大跌的时候，他敢于预测未来不远的日子粮食会涨价，不惜借款低价购进等待时机，这是何等的气派和胆量！经商就如同赌博，赌的不是财力，赌的是智慧和胆量。在这场赌博中，朱昌琳成为成功者，也一举改变了人生命运，同时也改变了棠坡朱家的命运。

朱昌琳的第一桶金赚得有些轻松，在把所有粮食卖出去后，他兑现了自己的诺言，将购买粮食的本钱还给了唐荫云。

发财的朱昌琳不再需要靠在唐府做私塾先生的微薄收入养家糊口，他在长沙专心于商业，开始了真正的经商之路。他将乾升杂货店改名为朱乾升碓坊，又改为乾益升粮栈，开始专门经营稻谷生意，逐渐成为长沙城有名的米商大亨。

三、营造府第显心机

中国传统一向轻视商人，认为他们多是为富不仁的。尤其是某些商人身上的尖酸刻薄、吝啬奸猾的秉性，成为历代文人笔下讨伐的对象，还有一些商人经商发家之后，穷奢极欲、挥金如土的奢靡生活与传统社会追求的简朴生活格格不入，因此在历代史书中，商人是没有好的形象的，吝啬、不仁、贪婪、狡诈几乎成为他们的专属名词。

刚刚发家的朱昌琳，也没有表现出与一般商人不同的地方，发家之后，身份和地位不一样了，他也就不把自己再混同于一般的乡野私塾先生，开始把精力和金钱投入更大的商业活动，也开始营建与自己身份相匹配的府邸宅院。

营造私家宅院需要大笔花费，这对于刚刚起步的朱昌琳来说还是有困难的。如何不花费巨资又能很快建造起豪华的私家宅院，这是朱昌琳首先要考虑的。

朱昌琳再一次显示出他的不同凡响。当时的长沙城因为水灾早已涌入了几十万灾民，这些嗷嗷待哺的灾民来到长沙一是为了得到救济，二是期望谋求一份生计。朱昌琳便想到雇佣灾民修建宅院，这也是一种变相的赈济灾民之举，自己还能落一个善人美名，何乐而不为？

现在有些学者在研究朱昌琳这一段历史时，对他招募灾民修造宅院的行为多持肯定，认为他是发财后不忘穷苦百姓，是他日后致力于慈善的开始。这恐怕是有点主观拔高了。客观上讲，雇佣灾民从事宅院修造，的确解决了部分灾民的生活问题，但要说这是朱昌琳主观行善，的确有点与事实不符。在这个时候，刚刚致富的朱昌琳内心或许有恻隐之心，但行动上决不会主动大规模行善，他知道自己的财富还不足以善济天下。

朱昌琳招募灾民修造屋宇的做法很隐蔽，他下了一番苦心，想出了很多办法，既不让灾民反感自己是趁火打劫，还能在社会上为自己赢得慈悲为怀的善人形象。这就是朱昌琳的精明之处。他采用的办法就是以工代赈。

朱昌琳在长沙城选好修造府邸的地点后，就开始购买各种用料。修建房屋，材料用得最多的是石料、土方、砖瓦和木料。水灾之后，木料的收集很是困难。从木料商手里购买，价格昂贵不说，因为水灾道路不通，外地木料也难以短时间内运到。怎么办？朱昌琳把目光聚到了那些涌入长沙、衣食无着的灾民身上。看到饥肠辘辘、渴望救济的灾民，他突然心生一计，何不发动这些灾民到长沙周边寻觅木料？发动灾民寻找木料，根据找到木料的多寡付给一定的粮食，一则可以解决灾民的眼前困境，二则也省去花费巨资购买木料。岂不一举两得？

主意拿定后，朱昌琳马上贴出告示，以建房木料多寡付给不同的报酬。消息传开，在灾民中引起不小的轰动，男子三五成群，到河滩、到湖边、到被大水冲毁的村落寻找可用的木料，然后肩扛车运，送到朱昌琳指定的地点。监工根据灾民送来的木料用途，分别给予一定的粮食。时间不长，修建宅院的木料就准备齐全。仅此一项就给朱昌琳省下了一大笔费用，而对于以工代赈的粮食，朱昌琳是不发愁的，他本身就是米商，吃食供应自是不在话下。

就这样，在很短的时间内，朱昌琳就解决了修造宅院所需的石料、土灰等，等真正开始修建时，各种工匠招募也使用此办法，一次就招募了修建宅院所需的木工、泥瓦工等各种工匠。史书上记载，朱昌琳"乃益招流民，收集材木，营度隙地，百堵并兴"[1]，壮者"致材木，运甓石"，简短的几句话就把朱昌琳如何发挥商业头脑讲得淋漓尽致。说得好听一点，是他的商业头脑成就了长沙朱家豪宅的修建，说得难听一点，是他投机取巧靠剥削灾民的劳力成就了他的阔绰。

好在朱昌琳精明归精明，善于算计归善于算计，人倒不坏。对真正有困难的灾民，也不会像有些奸商那样，奸诈无赖，攻于算计。他虽然在大灾之年通过种种运作而致富，但对于难民还是表现出应有的慈悲和怜悯，在力所能及的条件下，无偿帮助他们渡过难关。对于那些老弱不能干活儿的，朱昌琳派专人负责，按人口每天施舍口粮；生病了的，则会请医生免

---

[1] 陈书良：《朱雨田神道碑笺释》，《湖南商学院学报》2003年第1期。

费治疗、免费赠药；家里断粮的，也会把自家储存的蔬菜之类拿出来资助他们。朱昌琳的这些善举也是受到母亲胡老夫人的影响。胡老夫人菩萨心肠，冬天看到灾民破衣烂衫，难以御寒，就率领家人缝制衣服，送给无衣的灾民。朱昌琳也由此博得了"善人"之美誉。

朱昌琳在晚年志趣大变，从热衷商海、一心缔造朱氏商业帝国转而热衷于慈善，这并不是多年经商打拼之后的良心发现，而是有沉潜在内心的善心和慈悲的秉性使然。不同于刚发家时的偶然慈善，他到了晚年重心完全转向慈善，或许这就是他在缔造商业奇迹之后想在慈善上做出更多成就，也或许是在传统道德文化熏陶成长起来的朱昌琳，内心一直有着兼济天下的儒家情怀。

第三章 十年蛰伏观时事

朱昌琳在攫取人生第一桶金后，真正进入了晚清湖南商业洪流。就在他准备在商海中大展宏图的时候，一场将延续十四年的内乱爆发了，没有谁能想到，这场十四年的内乱让富庶的长江中下游地区的经济和社会面临崩溃，也直接导致了清朝走向衰败。这一影响深远的政治事件就是太平天国运动。

在这场改变人生命运的大事件中，湖南人又一次站在时代前列，曾国藩组建的湘军成为挽救清朝命运的主力军。在长江沿线，能与太平军抗衡的首推曾国藩的湖南子弟兵——湘军。在湖南，很多人加入了湘军。

然而，朱昌琳却在晚清最重要的十余年间蛰伏了。当别人在战场上挥舞着带血的刀枪博取前程时，他躲在长沙、躲在棠坡，一面经营着自己的粮行生意，一面大兴土木，修建起了豪华的朱家别院。

第一节 避战火四处逃难

道光三十年（1850）春节刚过，道光皇帝一命归西，继任者是他的儿子咸丰皇帝。

此时，三湘大地的百姓还没有从"己酉之荒"中缓过劲来，大自然又一次对湖南进行了无情摧残，又是接连不断的大雨，造成庄稼被淹，粮食减产和绝收。而此时在长沙城从事米店生意的朱昌琳早早就囤积了大批粮食。当水灾再次发生时，朱昌琳的朱乾升碓坊又稳稳地大赚一笔，米店经营得风生水起，规模越来越大，扩大米行规模势在必行。

也就在这一年，朱昌琳在长沙太平街开设了乾益升粮栈，成为名副其实的长沙米商大亨。

今天长沙的太平街，已经是长沙城著名的商业老街，也是长沙城的著名地标。太平街是长沙这座古城保留原有街巷格局最完整的一条街，它坐落在长沙城区的中部，以太平街为主线，北至五一大道，南到解放路，西接卫国街，东到三兴街、三泰街。其重点地段为沿太平街、西牌楼、马家巷、孚嘉巷、金线街、太傅里两侧的历史街区，是"老长沙"的缩影。

近代以来，长沙城经历了几次大的战火，一次是太平军围攻长沙，一次是1938年的文夕大火。尤以第二次为甚，这场大火毁灭了长沙城自春秋战国以来的地面文物，毁灭到几近于零，仅仅留下现在的天心阁和长沙老街——太平街的一些建筑，透过它们依稀还能看到长沙的文化脉络。

在现在的太平街区内，民居和店铺的建筑特色是小青瓦、坡屋顶、白瓦脊、封火墙、木门窗，老式公馆则保留了石库门、青砖墙、天井四合院、回楼护栏

乾益升粮栈

等传统格局建筑。太平街，这条不长不宽的老街展示了湖湘文化的魅力，承载着传承传统商业民俗风情的重任。在这条老街上，保留了众多老字号商铺，其中就有朱昌琳创办的乾益升粮栈。

历史回转到清末，太平街是长沙城最繁华的核心地段，也是商贾云集的地方，高官显贵在其周边兴建宅邸别院，它也成为了长沙人休闲娱乐的地方。当时，长沙的主要米行几乎都在这里开设店铺，经营米业。朱昌琳发迹以后，主营米业，他在这里建造粮栈。这粮栈不仅是朱氏实力的象征，更是朱氏未来商业帝国的根据地。以乾益升粮栈为据点，立足湖南，面向全国，成为一方富绅，是朱昌琳对自己未来的规划。

朱昌琳的最大特点就是善于把握商机，两次自然灾害成就了他的商业奇迹，生意越发红火。很快乾益升粮栈就成为长沙著名的粮栈，每天粮栈门前人来人往，车水马龙，生意异常红火。当然，作为长沙重要的商业招牌，朱昌琳的粮食生意越做越大，资本逐渐雄厚，他开始把眼光瞄向其他领域，把更多的资本投入其他商

太平街街景

业领域，如淮盐、茶叶等生意。在湖南商业发展史上，粮食、淮盐和茶叶是最主要的三大宗商品，也是最赚钱的生意。这些也成为他日后主要的发展行业，为他带来更多的财富。

此时的朱昌琳尚不满三十，年轻、大胆，有眼光，他对未来的朱氏商业帝国充满了信心。然而就在他谋划大业的时候，在与南来北往的客商交流中，一些令人忧心的消息不断传来，尤其是道光三十年年末，从广西来的客商不时向他传递一些令人沮丧的坏消息，广西地界不太安定，有些人不时发动暴乱，南边的生意不太好做。

尽管坏消息不断传来，但湖南一带还是风平浪静，朱昌琳还是一心一意做他的粮食生意。广西做不了，还可以向其他地方发展，这一点他倒没有发愁，他只是想着如何把生意做大。

谁知事态发展越来越严重，逐渐成为他必须面对的问题。

道光三十年年底，洪秀全假借"拜上帝会"名义召集信众2万余人在广西金田村正式宣布起义，建号太平天国，并与杨秀清、冯云山、萧朝贵、韦昌辉、石达开等组成了起义后的领导核心。金田起义后，很快就向四周的清军展开进攻，清廷闻讯，大惊失色，这无异于埋藏在帝国内部的一颗定时炸弹突然爆炸，所起到的社会震撼力可想而知。为了剿灭农民起义军，清廷慌忙调集各路兵力进行"围剿"。

咸丰二年（1852），在清军的围困之下，太平军自广西永安突围，开始进攻广西省府桂林，久战不利，转攻全州，后又转进入湖南，希望通过所谓的北伐扭转战局。

在进入湖南道州（今湖南永州道县）后，洪秀全在此整顿队伍，增修战具，制备军火，并做出"专意金陵，据为根本"的战略决策。在短短的两个多月时间里，太平军势如破竹，连克道州、永明、江华、嘉禾、桂阳、郴州等州县，摆脱了清军的围追堵截，部队人数也猛增至数万。面对太平军在湖南南部的进攻态势，清军将领已经料定太平军必定会经衡州北上，于是，调集各路大军于衡州、郴州一带，形成南北夹击，意图将太平军一举消灭在湘南。洪秀全洞察清廷这一阴谋之后，决定趁清军陈兵湖南南部而省城长沙守备空虚之机，奇袭长沙。

这年8月下旬，太平天国西王萧朝贵奉洪秀全之命，率曾水源、林凤祥、李开芳等部太平军将士，间道奔袭长沙。

9月10日，萧朝贵率轻兵到了长沙城南十里石马铺，对驻守在此的清军突然发动袭击。很快太平军击破长沙外围的清军，并在长沙南门、小西门外驻扎。击破城外守军之后，太平军乘胜进驻了长沙城南妙高峰，占领了西湖桥和金鸡桥，控制了坚固的民房和制高点，进而开始炮轰长沙城。

长沙城突遭太平军的袭击，清政府异常震惊，急调各路兵马增援。至10月初，城内清军已达四五万之众，较萧朝贵的太平军初攻长沙时增加了4倍。清军防守和指挥力量已大大加强，而太平军的主力尚在郴州。

10月5日，太平军大队在洪秀全、杨秀清率领下，才到达长沙赴援，与原来的攻城部队会合后，就发动猛烈攻势，战斗十分激烈。

10月11日，洪秀全、杨秀清抵达长沙城外南门，又兵分三路发起猛烈攻击，清军亦兵分三路进行顽强抵抗，战斗异常激烈。

太平军主力抵达长沙后，进行了两次大的进攻都没有攻下长沙城，而清军却加强了城外东南的布防。11月29日夜晚，太平军再次轰塌长沙城南魁星楼附近城墙八丈余，乘势攻城，仍然未将长沙城攻下。

11月30日，太平军围攻长沙81日，没有攻克。太平军在暴雨初歇的夜里高吹海螺，从湘江浮桥之上，踏过橘子洲头，由浮桥渡湘江往西而去，会合河西驻军，从金牛岭翻山，经龙回潭迅速撤出长沙城外，长驱北进。

81天的长沙围困战，虽然是清军与太平军的生死较量，但受到创伤最大的还是长沙城里的老百姓。早在太平军进入湖南之际，各种小道消息不断传来，长沙百姓整天战战兢兢，惶惶不可终日，总是担心战争会降临到长沙。长沙城有钱、有权的人早就在做着打算，一旦情况不妙，马上溜之大吉。财产和金钱固然重要,但人的生命更重要。

早在太平军与清军在湖南南部鏖战的时候,长沙有些人就打算外出避难,尤其是太平街上的商户们,每天都在商议着如何避开战火。表面上大家还是早上开门,晚上关门,但战争的阴云一直笼罩着商人们,胆小的已经打点行装准备出逃。朱昌琳一家老小此时都在长沙,尤其是他的父母已经上了年纪,如何安置父母和保住自己辛辛苦苦打下的基业成了他日思夜想的大问题。

战争的消息不断传来,尤其到7月份,当听说太平军有可能进犯长沙时,朱昌琳便再也坐不住了,必须为随时可能出现的困难做打算。此时在南昌知府邓仁堃府上做会计的弟弟朱昌藩也听说了长沙的局势,不断写信敦促哥哥带领一家老少到南昌避难。朱昌琳舍不得他的粮栈,就一拖再拖。8月份太平军围攻长沙,再不走说不定还会有生命之忧,看着年迈的父母,他实在不忍,就关了粮栈,带着家人从长沙逃了出来。

前往南昌,必须从长沙东行,但当时那儿已经被太平军占领,朱昌琳只得带领家人和其他从长沙逃出来的百姓一起往北行走,到达湖北武昌。朱昌琳本来打算在武昌暂避一时,无奈弟弟朱昌藩一再催促,朱昌琳只得派家人护送父亲朱原善到南昌弟弟那里暂住,他留在武昌静观时局,同时广泛联络武昌商人,以图日后在生意上有大的发展。过了一段时间,朱昌琳处理完事情,也迫不及待赶往南昌,与家人团聚。在这个动乱的年代,一家人能厮守在一起,能守在父亲身边,也是莫大的孝心。

这年的11月,围困长沙近三个月的太平军撤离长沙,长沙城没有完全毁于战乱。远在南昌的朱昌琳,惦记着长沙的粮栈,在听到太平军撤离的消息后,就想尽快回到长沙。但江南此时已是战火连天,太平军和清军在各个战场上展开了厮杀,路途并不安全。又过了一段时间,长沙彻底安定下来,朱昌琳才带着家人回到了长沙。

好在太平军始终没有攻入长沙城,朱昌琳的乾益升粮栈保存完好。

在今天长沙太平街中段，乾益升粮栈还依然保存完好，不过我们现在看到的这座中西合璧的建筑已不是当初朱昌琳的最早粮栈建筑，而是民国时期的建筑，应该是民国时期拆旧盖新的建筑遗存。在今天的太平街，还能找到当年朱昌琳做生意和生活的痕迹，除了乾益升粮栈招牌，再就是粮栈后面的几栋小楼。历经时代风雨的冲刷，这几栋楼依然保持着原来的建筑特色。从这几栋别具特色的小楼，也能想见当初朱家生活的阔绰。

乾益升粮栈后面的朱家别墅

重新回到长沙的朱昌琳，一边经营着粮栈，一边思索着未来发展方向。随着太平军定都南京，长江中下游地区成为清军与太平军激战的主战场，湖南也不能幸免。旷日持久的战争，对社会经济的破坏相当严重，对于商业来说，最大的麻烦是交通被战争阻断。尤其是凭长江水运经商的各路商人，生意被战争人为中断，许多过去横跨长江做生意的大商人，被迫转行。

朱昌琳在长沙经营稻谷，受战争的影响很大，尤其是湘军和太平军在长江沿线激战，粮食运输几乎不可能，乾益升粮栈的生意一落千丈，能够勉强维持已经不错，更别说有大发展。

面对严峻的形势,许多人都在思考着如何发展。

太平天国运动的发展,催生了地方军事集团的兴起,以曾国藩、左宗棠为首的湘军集团在长沙兴起,湖南特别是长沙成为维护清朝封建统治的重要堡垒。这也导致了后来长沙地区"经邦济世"人才大批崛起,民间风气为之一变,对近代湖南乃至全国的历史进程都产生了重大的影响。

然而,洞察世事敏锐的朱昌琳却没有跟随时代步伐,在湖南各界精英纷纷投笔从戎、弃商从戎、弃学从戎、弃农从戎的浪潮中,朱昌琳却选择退隐山林,以尽孝的名义陪着年迈的父亲过着乡野隐士的生活,在继续经营粮食生意的同时,又重操朱家的旧业——行医济世。

朱昌琳的隐忍,是为了在不久的将来有更大的发展。在他看来,发战争财,尽管可以快速致富,但那不是商人要走的正道。他坚信战争不可能一直持续下去,一旦战争消弭,正常的商业交流还会步入正途,暂时的隐忍是为了以后更大的发展。在隐居的同时,他也在关注着社会,关注着时局的发展。

第二节　卧薪尝胆待时机

从1854年到1864年,整整十年间,在朱昌琳的人生履历上只用八个字便可以概括,即行医济世,隐忍十载。

这十年,是太平天国运动从定都南京到走向灭亡的十年;这十年,是清政府由盛转衰的十年;这十年,又是影响中国近代历史进程的人才迸发的十年;这十年,更是湖南人建功立业、名震天下的十年。

很多原来默默无闻的人物,通过参与镇压太平军,成为手握大权的朝廷重臣,像曾国藩、曾国荃、曾国葆、曾国华曾氏兄弟,像李鸿章、左宗棠、胡林翼、郭嵩焘、彭玉麟、刘坤一等著名人物。其中曾国藩、左宗棠、胡林翼和彭玉麟被史学界称为"晚清中兴四大名臣",而这四大名臣以及身后的其他众多名将,都是湖南人,都是湘军将领。

在那个时势造英雄的年代,朱昌琳没有像很多湖南人一样,建功立业,名垂青史,干出一番惊天动地的伟业。他选择了陪着父亲安度晚年,并以朱家祖传旧业行医治病。同时,朱昌琳兄弟继续在长沙城乡营造自己的府邸宅院。

咸丰四年(1854)十月,朱原善离开长沙回到棠坡老宅生活。虽然长沙和棠坡并不太远,但朱原善以及孩子们的事业都在长沙城,老宅已经很长时间没有居住。也许是因为人老了,也更怀旧了,朱原善一再要求回到棠坡老宅生活,安度晚年。朱昌琳作为长子,放下长沙的生意,陪着父亲回到棠坡老宅。

经过数年的经商,朱昌琳积累了不少财富。他拿出经商积累的财富,开始购置良田,修建亭台楼阁,重修棠坡老宅,这就是我们今天看到的棠坡恬园。

修建这所宅院,朱昌琳整整用了两年时间。朱昌琳修的棠坡老宅分为

棠坡朱氏祖宅

两部分：一是重新翻修建筑的园林式宅院，一是重新修建的朱氏祠堂。新修的祖宅，后来命名为"恬园"。

清同治十二年（1873），道光举人、浏阳县教谕吴敏树曾受朱昌琳之邀到此做客。看到恬园之美景，吴敏树掩不住内心的喜悦，挥毫写就《棠坡恬园记》，盛赞棠坡恬园之美。

吴敏树，字本深，号南屏。湖南巴陵铜梓湖（今岳阳）人，是晚清梓湖文派的创始人。他诗、文、经、史造诣深厚，著述丰硕，郭嵩焘曾赞其"湖南两百年文章之盛，首推曾、吴"。曾，即曾国藩；吴，指吴敏树。足见吴敏树在湖南的影响力。很多官员和绅士都希望能与其结交，他和曾国藩、左宗棠交好，但他高洁自持，既不爱攀高枝，也不喜钱财，所以从不向手握大权的曾国藩、左宗棠提出任何要求，甚至曾国藩邀他出山，助自己谋划军事，他也一概拒绝。曾国藩看重他的学识和品德，曾向他提出请求："吾一旦不幸，志墓当以属尔。"意思是说，你可以不出来做

恬园

官,但我希望在我百年之后,墓志铭由你来写,由此可见吴敏树的社会声誉与影响。

曾国藩曾举荐他任两广盐运使,盐运使是当时不少官僚政客垂涎的"肥差",三年任期下来,至少可攫取白银数十万两。面对这样的诱惑,吴敏树一笑了之:"我们吴家人不当盐贩子。"朱昌琳邀请吴敏树到自己府上一坐,吴敏树也敬佩朱昌琳的为人,与友人欣然前往恬园做客。

在恬园盘桓数日,吴敏树与朱昌琳相见甚欢,兴奋之余,他一口气写下了著名的《棠坡恬园记》。

棠坡恬园记

恬园,长沙朱氏之山庄也。地名棠坡,去会城东北六十余里。古驿道旁,岗岭回复,数转乃入。至则柴关矮屋,甫见竹树间,游兴且停。客惊而问,不意所称恬园者之在此也。

朱氏故有邸居,在会城西。主人宇恬、岳舲昆仲豪俊喜宾客,通冠盖游。邸有心远楼,李申夫方伯所题。登之可尽岳麓湘江之胜,名于是邦矣。

去岁初夏,友人冯君树堂介于造焉,而又言田园林馆之美,春秋花时,里亲友为会其间。余欣然愿之,主人以菊开期。其九月树堂外出,余辞未赴。今春又为期牡丹,三月十四日乃偕郭筠公、樗叟、龙皞臣、张笠臣、曹镜初往游。天晴风柔,杂花香路,春郊远游,则已大乐。及门,树堂先生在座。少顷,主人导客行,循步廊入山间,上下坡岭皆园也。时又小雨,望烟景甚富。轩而凭,亭而伫,楼台而登,以临池渠,而曲折以历,无非花树中者。其一馆前张油幕,花光照艳,则牡丹也。晚饮席间,客皆挹花而杯醋之,以祝主人,皆欢醉,宿园中。明日寻昨所至及所未至。游且息,遂以逮暮。其园之馆曰富春楼、曰涌翠台、曰皞清轩、曰镜观亭、曰纳月池。中亭者曰宛沚屋,如舟者曰定舫,菊之圃曰黄中,竹之坡曰碧天。旧有名及新题者,菊之圃曰黄中,竹之坡曰碧天。旧有名及新题者,筠公、樗叟皆为书之。明日,树堂以前负,就园以酒谢,又明日归。

盖观游居处之事,为之山中,则可以极意而偏得高旷幽远之情,顾患独乐而无以公之人。宇恬昆弟之志意诚豪矣哉。

余顷年游吴越间,见兵残尤甚,求所闻向时园林有名者,荡为荒墟,未尝不叹息疑其有以然。而吾湖南习俗朴厚,其人幸有气力,自完其疆又能出为国家平时之难。乃今长沙都邑,雄富壮观,其人新骛华靡,骎骎乎前日淮海之风矣。恬园主人虽称豪顾,喜为山中之乐,无金玉锦绣,优伶歌舞之习。树堂之倡其里会,用古蜡杜醵饮之法,以俭持之,庶几诗人蟋蟀之义,余是以愿从其游,并记恬园以为雅道也。

恬园的修建,足以彰显朱氏的财力和气派。整个恬园占地6000多平方米,祖宅建筑达2400平方米,三进院落,砖木结构,大小房屋百余间。

恬园远眺

恬园建成后，因僻处善化安沙，处山重水复之幽，成为晚清湖湘名人之会所。尤其在朱昌琳的事业发展到鼎盛时，这里成为他和湖南官员、乡绅聚会交谈的场所，像近代第一任外交官郭嵩焘、湖南巡抚陈宝箴，以及郭崑焘、龙汝霖、张笠臣、曹镜初等四方达官显贵、文人雅士，都来棠坡品茗、赏花、游园。

不过，现在的恬园已经不是朱昌琳当年建筑的恬园，在20世纪六七十年代，"文化大革命"的浪潮席卷了长沙县安沙镇和平村，朱昌琳修建的恬园也未能幸免，只有一口古井保存完好。2004年，长沙县斥巨资重新修复了恬园，而且是原址修复。为了修复恬园，有关部门请来考古学家和土木建筑专家对原址进行勘察、挖掘，走访了朱氏后人和当地群众，对恬园进行重建。重建后的恬园规模仅为原来的十分之一，但依旧黛瓦白壁、飞檐重叠，融合了徽派建筑和湖湘建筑特色。大院外，竹木葱郁，鸟鸣声声，古朴幽静。

修复后的恬园有房屋数十间，庭院相连，有轿台、戏台、水井，还被长沙市作为"棠坡清代民居"列入文保单位目录。

原来恬园究竟是怎样的，只有曾经在恬园生活过的朱家后人有发言权。朱昌琳的曾侄孙朱镕坚在一篇文章中回忆道：

> 我们家的老屋，是在长沙东乡安沙棠坡。大小百余间，屋后利用一座山丘做花园。从山麓的一面，拾级而上达到山巅，又下到另一面山麓，接朱氏宗祠，沿途铺以花岗石为石级，盖成走廊，曲折迂回。每隔一二十公尺，便有一个亭阁。亭阁内布置幽雅，外遍植名贵花木，分布自然。其他空坪隙地，设有三五条花岗石花凳，或花墩，放置各色盆景，年年香色浓郁。山岭部平坦，用花岗石砌成长形或方形花台，内植有罗汉松、山茶、海棠等木本花卉。另外随山丘起伏，栽有灌木花丛，叠石成为假山。假山内有洞室，可以出入。洞内设有石桌、石凳，

可供休憩。

连假山一端有一带水池，上架拱形石桥，从山下仰望，疑是悬空架设，显得神奇夺目。山麓另一面的朱氏宗祠，别具一番景色，正中是祭祀神堂，是一座寺庙形建筑，琉璃碧瓦，龙凤飞檐，铁鸟传声，古色古香。堂外东西两廊，依次排列我们家当时各人的功名牌匾，朱漆金字，大小一致，肃穆庄严。神堂内两边壁上，布置从岳麓书院拓下仿制之宋朝朱熹所写之"忠、孝、廉、节"四个五尺见方大字，这是晓谕子孙作为家训⋯⋯神堂对面是一个大厅，两侧安置有钟鼓。另外东西两厢，尚有花厅、寝室等。宗祠外面，正中为照壁，由东西辕门进入祠内，分别经泮池两边才进入内厅，极显得气派。①

恬园只是朱昌琳为了奉养父亲而修建的祖宅。有人把恬园的修建归在了朱原善身上，云朱原善发财后在祖居地修建恬园，颐养天年，实则谬也。真正的出资人是朱原善的儿子朱昌琳，不过因为父亲健在，朱昌琳便把这一有功于家族的德业归在父亲身上。在传统社会，不论是在外做高官的子孙，还是发财的巨贾，光宗耀祖、光耀门楣之举无非就是花费巨资修建奢华的府邸，同时为了感念祖先的恩德，修建祠堂祭奠祖先，还有就是创办私塾、义庄、义田救济族人等。这些可以记载在家族历史里的美事，为子孙后代敬仰的善事，都会毫不保留记载于在世的父亲身上，这也算是一种孝道。

正值事业发展期的朱昌琳，不可能一直蛰居棠坡，陪父亲颐养天年。他的事业在长沙，在此隐居只是暂时的。尽管此时江南大乱，经商面临困境，但长沙的粮栈生意一直没有歇业。同时为了生计，他重操祖业，行医济世，为自己的湘商生涯打开了另一片天地。

---

① 朱学方：《朱云谷堂》，《长沙郊区文史》第五辑，1991年。

咸丰十年（1860），清政府又一次面临严峻的考验，第二次鸦片战争爆发，英法联军武装入侵中国，一路打到北京，咸丰皇帝仓皇出逃热河。在南方，清军和太平军激战正酣，清朝的命运还在不确定中，国家究竟走向何方，谁心里也没有底。

此时蛰伏在长沙的朱昌琳趁着湖南无战事的短暂时机，在长沙城开始营建晚清长沙城著名的私家园林别墅——馀园，这就是后来长沙人都知晓的朱家花园。朱家花园位于长沙市北郊的丝茅冲，今长沙市开福区浏阳河黑石渡畔。是朱昌琳为余年的休养生活而建，故名"馀园"。

园内一切设施由朱昌琳之弟朱昌藩自行设计，为古庭园式。有亭台、水阁、回廊、假山等，风景雅致名冠一时。因是私家园林，该园由花园和学舍组成。学舍又称"萱圃"，为朱姓子弟就读之所，亦即朱家私塾。

馀园面积40余亩，园内栽植各种名贵花卉，如牡丹就多达十多种，其他如芍药、含笑、丹桂、红梅、椿头、山茶以及水石盆景，美不胜数。

园内树木参天、绿树成荫，有不少当时稀有树木。朱昌琳还用48株罗汉松扎成七层大园景，并置多种名花异卉，供人游览。园内回廊壁面满题诗句，多出自郑板桥、左宗棠、王文治、黄自元、曾熙等名家手笔。如湖南道州进士何绍基题朱家花园联："亭台四时乐，山水一家春。"左宗棠有联："绕岸白云常自在，依亭黄鹤有时来。"园内建有兰堂、宜春馆、一笠亭、去寮亭、延眺轩、众绿轩等亭台楼阁，回环错列；池塘环绕、假山嶙峋；奇花异草，争奇斗艳，景色宜人。

朱家花园一度是长沙园林之首，民国以后，对外开放，任人自由游览，园丁备有茶水，茶资听给，有小贩贩卖糖点，取买亦便。

1921年，谢觉哉在长沙当教员，他在日记中留下记录说："（1921年）四月十八日，晴。上午九时，领学生旅行朱家花园。园距校约二十里，为巨富朱雨田所建，园曰：馀园（瞿鸿禨题）。依山建筑，池台布置颇为幽雅。有何绍基书'亭台四时乐，山水一家春'联；左宗棠书'绕岸白云常自在，依亭黄鹤有时来'联。惜栏砌多剥落，失修葺，盖朱家已非昔时之盛矣。"

可惜的是，1938年，巩县兵工厂南迁进驻该园，一次工人操作失误，引起大火并发生爆炸，全园毁于一旦，尽成废墟。惨剧发生时，馀园的主人朱昌琳兄弟和朱昌琳的几个儿子都已经离开了这个世界，要不然他们也会为自己辛辛苦苦建造的园林就这样被烧毁而感到痛心。在长沙文夕大火和四次长沙会战中，不知多少名园和豪宅被毁。

第四章 独见机先成巨商

朱昌琳曾总结自己的发财诀窍："务审时,如治国。"

有些人勤勤恳恳、任劳任怨,一辈子也发不了大财,原因之一就是不懂得把握时机,缺乏远见卓识,看不到潜藏的商机。当商机真正来临时,因为没有把握住,发财的机会也就从身边溜走了。

商场如战场,把握战机非常重要。能否把握住商机决定着一个商人能否成功。朱昌琳在商海拼搏中,每一次成功都与把握商机有极大关系,他几次成功地把握住了商机,获得一次次商业上的成功,最终成为晚清长沙首富。

朱昌琳又是如何把握商机的呢?

第一节 抢购盐票成大亨

同治三年(1864)四月二十七日,太平天国天王洪秀全病逝于天京(今江苏南京)。六月十六日,湘军曾国荃部攻陷天京。天京失陷,李秀成、林绍璋等人拥幼天王洪天贵福突围出城。曾国荃指挥湘军对城中百姓进行了一场野蛮的大屠杀,"妇女四十岁以下者,一人俱无,老者无不负伤,或十余刀,数十刀,哀号之声达于四远"[①]。六月十七日,幼天王洪天贵福逃出天京;九月二十五日,幼天王在江西石城荒山

---

① 太平天国历史博物馆:《太平天国史料丛编简辑》第三册,中华书局,1962年。

之中被清军俘获，十月二十日在南昌被害。

太平天国起于广西，发展到江南，太平军西征胜利时，达到鼎盛。"天京事变"后，太平天国由盛转衰，终于败亡。

在太平天国统治时期，因连年征战，江南的社会经济遭受到前所未有的重创。尤其是太平天国后期，清军与太平军交战的主战场在江苏、浙江一带，对这一地域的社会经济影响最大。从唐宋以来，江南就是中国最富庶的地方，进入近代以后，江浙一带更是中国经济发展程度最高的地区。战火在这里持续了10多年，可想而知对当地的社会经济发展产生了多大的影响。诸多产业当中，首当其冲的就是商业。

太平天国不仅深刻影响着江南地区的商业发展，还间接影响到了上海的对外贸易。由于太平天国掌控的苏南、浙江大部地区贸易凋零，运转不通，而太平天国对上海的攻击又迫使当地的海关无法正常工作，所以外国人的商船可以毫无阻拦地往来于上海各大口岸，而上海的商旅们则对内销售无门。

太平天国运动破坏了原有的商业贸易体系，尤其是商路不通，严重打击了江南地区与全国各地的贸易往来，商业凋敝，商人困顿，已成事实。不仅传统的大宗商品贸易无法正常流通，就连百姓的日常生活用品也出现短缺，其中食盐的短缺已到了非常严重的地步。

主要产盐区两淮盐区饱受战乱之苦，盐业生产与食盐销售陷入瘫痪状态。当时江南盐政出现的问题，主要有：一是最重要的销售区域两湖地区（湖北、湖南）受到四川产盐区的大肆侵夺，致使淮盐销售出现困难局面；二是两淮地区原有的大小盐商经10多年战争的残酷打击，经济实力大损，已经没有雄厚的财力承运盐业销售；三是政府的盐政运输销售受到湘军、淮军插手，百弊丛生。

咸丰十年曾国藩出任两江总督后，为了解决军费，对盐政进行了改革。为求得税源稳定，针对江南地区出现的盐政困局大加整顿：力图收复川盐济楚失地、在淮南实施保价整轮以及废除"饷盐"。

在江南一带，淮盐的生产和销售一直占据着重要的地位。淮盐因淮河横贯江苏盐场而得名，历史上有着"煮海之利，两淮为最""华东金库"等美誉。淮盐也因"色白、粒大、干"的特点而闻名。

清代，两淮盐税收入占全国盐税总额的62%。民国时期，两淮盐税占全国盐税收入三分之一以上。

有清一代，食盐贸易主要采取的是纲盐制。就是朝廷根据每年盐的产量和销售量，确定发售引数，订为"纲册"，每年一纲，招商认领，额满为止。盐商根据认领的引数缴纳盐税。这种纲盐制，导致官商勾结，互相依托，谋取私利，盐价上涨，纲盐制日渐腐败。

道光十二年（1832），两江总督陶澍提出改革建议，推行票盐制。何为票盐制？即销售食盐采用三联票，一留为存根，一存分司，一发给商贩行运。票盐制，不再分地域，也不再由专人才能销售，只要百姓愿意购买盐票，谁都可以，只要百姓购买了盐票，就可以四处行销。太平天国运动兴起后，长江中下游地区被太平军占领，而这些地区历史上又是淮盐主要销售区，清军和太平军主要战场又在这一地区，致使淮盐运道梗阻，私盐泛滥，票盐几成摆设。

同治三年（1864），湘军攻克太平天国都城天京。曾国藩为解决财政困难，奏准改革两淮票盐制度，公开招商购买盐票。曾国藩为何要采取盐票制度？主要是经过多年的战乱，过去繁华的江淮地区如今十分萧条，富商很少，很难筹到急需的军费。为了弥补这一空缺，他创立两淮票盐制度，招徕天下盐商贩运淮盐。

他规定凡是愿意掏钱认购盐票的，不管你是盐商世家，还是其他商人，只要认购盐票，就允许贩运淮盐。各地官府口岸哨卡，只认盐票，不认其他。这种盐票面值是二百两银子，购买一张盐票须向官府缴纳白银十两，但利息很高，一年下来即可以有三四千两银子的可观利息。只有手里有盐票才准许运输贩卖淮盐。为了达到聚散为整的目的,规定凡是向湖北、湖南、江西三省运输淮盐者,必须以五百引开始起票,谓之"大票";向安徽运输淮盐的,必须以一百二十引起票,谓之"小票"。商人运盐,最低以一票起运,愿多者悉听尊便,少于一票者不准。以当时的办运成本来看,一张大票约银五六千两,小票亦需一两千两,自然是一般小商小贩所无力承受的。后来盐票水涨船高,每张盐票涨到两万两,可谓是一票难求。

为了推销盐票,他还在各省口岸设立督销局,制定了"保价""整轮"等原则,即盐价不准随意涨落,也不准争先销卖。结果是那些有能力承办票运者,尽是巨商富贾;那些小本商贩,根本无力领运,票法精神渐失。

湖南巡抚对曾国藩的盐票制度尽力推行,他在长沙设立督销局,专门负责督办其事。面对曾国藩推行的盐票制度,湖南人并没有因为曾国藩是湖南老乡就热情支持,原因有二:一则每张票价格太高,一般人根本买不起;二则人们对这种制度心存忧虑,担心购买以后打水漂。虽然当时太平天国运动已经平息,水路已经畅通,运输没有问题,但长途贩运到底能挣多少钱,谁心里也没有底,所以"湘人犹迟疑莫应"。精明的湖南人在这件事上却犹豫不决,观望不前。

机会总是留给善于把握机遇者。蛰居长沙的朱昌琳,虽然足不出户,但对时局的观察却非常独到,他预见到这又是一次难得的发财机会。

朱昌琳何以有如此大的气魄,就在于这些年虽然蛰居乡间,但并不是清心寡欲隐居世外,在与湖南官绅交往中他了解到天下大势。他认为战争很快就要结束,商业就要重新兴盛起来,而在战争中为清朝立下不朽战功的曾国藩和湘军,已经成为手握清廷命运的军事集团,有曾国藩和湘军集团撑腰,做什么生意都不会赔钱。商海的风向标就在曾国藩手里,紧跟他绝对不会出错。于是当票盐制开始执行时,朱昌琳就已经嗅到了这是赚钱机会。

就在湖南人踯躅不前、大小商贾相互观望时,朱昌琳独见机先,购买了一百张盐票。从曾国藩发行盐票的地区看,湖南应该属于"大票"流行的地区,也就是说一张"大票"面值也就是二百两银子,但办运成本需要五六千两白银,朱昌琳购买一百张盐票,就面值来说不过两万两银子,但成本却需要五六十万两白银,这是很大一笔钱。

手里拥有了盐票,就意味着朱昌琳可以长途运输、销售食盐。为了盐业生意顺利开展,朱昌琳在长沙创设了乾顺泰盐号,专门从事食盐买卖。

没过多久,朝廷分配给湖南的盐票售卖完毕,当有些商人突然转过神来,想购买盐票时已经没有盐票购买,此时市场上的盐票开始疯涨,一张面值只有二百两白银的大票已经涨到一张两万两,足足涨了一百倍。如果此时的朱昌琳把手中的盐票抛售,就能足足赚取二百万两。但朱昌琳不是投机商,他不会轻易抛出手中的盐票。他知道有了这些盐票,他可以通行大江南北,通过运输贩卖食盐,赚取的利润远远超过这些。

朱昌琳凭着自己的精明头脑和超前市场意识,又一次抢占先机,他再一次成功,成为长沙真正有实力的"富商"。

朱昌琳超前的市场头脑,为他的朱氏商业帝国增加了雄厚的资本,朝廷分给湖南的500张盐票,他一人就独占100张。为了把乾顺泰盐号做大做强,他在湘北南县建有专用码头,将食盐运销洞庭湖周边各县。

据有人统计,朱昌琳的乾顺泰盐号,每年向湖南、湖北销售食盐15000吨至21120吨。仅湖南一省,乾顺泰盐号一年的销售量占全省的五分之一。当年湖南贩运淮盐的盐商有二三十家,分成五大帮派,湖南本帮的龙头老大就是朱昌琳的"乾顺泰"。到此时,由销售粮食起家的朱昌琳,一夜之间成为湘省的盐业大亨,朱家富商的地位由此牢固确立。

又过了两年,李鸿章任两江总督,为了筹集经费,他下令凡是手中有盐票的商人,才能享受运输贩卖食盐的特权。这一下,那些手中没有盐票的商人顿时慌了手脚,不得不掏高价钱从别人手中购买盐票,而盐票的价格也水涨船高。这有什么办法,再有钱的商人也赶不上政策的变化,朱昌琳凭借手中百张盐票,顿时成为别人巴结的对象。朱昌琳何等英明,他不但没有售卖一张盐票,还从其他小户手中购得或者租用多张盐票,自己的实力更大了,真正成了湖南盐商的龙头。

第二节　织就商业人脉网

从1864年朱昌琳设立"乾顺泰"经营盐业以后,朱家的财富就像滚雪球一样,越滚越大。"乾益升",让朱昌琳掌管着湖南庞大的粮食运销,现在"乾顺泰"的开办,又让他的商业实力大增,商业范围已经跃出了长沙,开始延伸到湖南的很多地方。朱昌琳已经成为名副其实的湘商精英。

开办"乾益升""乾顺泰",是朱昌琳商业头脑起了作用,随着时间的推移,朱昌琳越来越意识到仅靠自己的智慧和投机是不够的,想有更大的发展,必须寻求靠山。在晚清政坛上,要想寻求政治庇护,并从政治庇护中获得巨额财富,唯一的出路就是结交当权官员,也只有当权官员才能给他的商业发展提供政治保护和发财商机。

于是,在经营乾益升粮栈和乾顺泰盐号的同时,朱昌琳开始把目光投向官场,有意识地结交官员,并与很多官员保持密切的联系。朱昌琳在很短的时间内就与一些湘军将领以及一些湖南官员建立了友好的关系,在他的周围形成了庞大的利益集团。

太平天国运动爆发以后,清政府已经没有过多的财力和军事力量平息叛乱,不得不借助于地方民团的力量参与平叛。而湘军和淮军就是最初从民团发展起来的军

一代富商朱昌琳

事力量,到后来成为与太平军正面作战的主力。不论是湘军还是淮军,清政府已经没有力量提供财力支持,这些军队的经费只能靠自己的力量解决。在这个过程中,能给他们提供充足的经费的,无疑就是那些巨商。要让这些商人心甘情愿拿出辛辛苦苦赚来的钱财支持他们的军事行动是一件难事,没有利益的事商人是不会考虑的。

如何才能让商人成为自己军事行动的"贤内助"?那就是要给他们赚钱的机会,或者让这些商人充当自己的管家。于是我们看到晚清官场上奇特的现象出现了,一下子冒出不少"红顶商人"。这些"红顶商人"名义上是朝廷任命的官员,实际上却是地地道道的商人。他们利用手中的权力经商发财,同时又利用经商赚得的金钱支持地方官员的事业,以此巩固自己的权力。胡雪岩就是典型的代表。

朱昌琳和胡雪岩相差不过一岁。朱昌琳生于1822年,胡雪岩生于1823年。所不同的是,胡雪岩出身贫寒,少年时还是一个放牛娃。12岁父亲去世,他就出外闯荡江湖,在粮行、商行、钱庄做过学徒,受尽了人间疾苦。不过他很幸运,在杭州阜康钱庄当学徒时,钱庄老板没有儿子,就认胡雪岩为干儿子。钱庄老板一命归西后,胡雪岩继承了钱庄。胡雪岩的发迹颇有些传奇色彩。这一点朱昌琳比他要幸运一些,明宗室后裔的光环虽然已经暗淡,但家风熏陶使朱家人都有一技之长,虽不大富大贵,却也不至于挨饿受苦。

1848年,26岁的胡雪岩结识了候补浙江盐大使王有龄,两人打得火热,成为莫逆之交。有传言说胡雪岩挪用钱庄银两替王有龄买官,不过史料无载,多为传言。后来王有龄任知府、巡抚,感念与胡雪岩的友谊,自然暗中给他不少帮助。王有龄的官越做越大,胡雪岩的生意也越做越大。第二次鸦片战争爆发后,胡雪岩开始和军界搭上线,凡是涉及战争费用的,胡雪岩都少不了插手。王有龄对胡雪岩,也是一万个放心。1861年,太平军攻下杭州,作为浙江巡抚的王有龄在杭州城破之后,自缢身亡。这一下胡雪岩失去了靠山，但他已经从官商勾结中尝到了甜头，必须寻找新的靠山。继任者左宗棠成为胡雪岩的座上常客。

也不清楚胡雪岩采用了什么神奇的药方，总之这位新任浙江巡抚很快就把胡雪岩视为自己的心腹智囊。胡雪岩成为左宗棠的大总管，浙江一省的钱粮、军饷也均由胡雪岩独揽，阜康钱庄获利甚丰，但也几乎成为左宗棠的"提款机"。

"红顶商人"胡雪岩

1864年，湘军收复了浙江全省，很快太平天国运动被镇压下去。那些在战争中发了财的湘军将领和大小官员，看到胡雪岩和左大人关系如此亲密，纷纷把自己搜刮来的钱财存在阜康钱庄，阜康钱庄迅速扩张，在全省开的分支机构有20多家，势力遍布江南。后来左宗棠收复新疆，还是胡雪岩从中筹措经费，立功甚伟，被朝廷授予布政使衔（三品），赏穿黄马褂、官帽上可戴二品红色顶戴，并总办"四省公库"。胡雪岩成为晚清真正意义上的"红顶商人"。

我们之所以在此不惜笔墨叙说胡雪岩的"红顶商人"之道，其实是在说明晚清官场、商场上的一种现象，就是此一时期非常著名的商人，基本上都在寻求靠山，寻求官场上的保护人。而执掌一方大权的朝廷命官，在战争特定时期，为了仕途顺畅，解决经济上的困境，也需要大的商人从中斡旋，甚至替自己谋划，这些商人基本上成为他们辉煌人生的"财阀英雄"。

胡雪岩的成功，不可能不对朱昌琳产生影响，他也在寻求机会攀附权贵，或者成为当权者的友朋，跻身高官的朋友圈至关重要。

靠镇压太平天国运动起家的湘军将领大多是新兴的权贵阶层，此时朱昌琳也已经成为湘商的代表,在官、绅、商这个网络中,朱昌琳已经成为湘商的领头羊。结识湘军将领,是他必须选择的方向。

湘军的崛起是因为镇压太平天国,在太平天国运动平息后,湘军的实力已经不容小觑,成为清廷既忌惮又不得不依靠的力量。有人做过统计,湘军中因战功而得到重要职位的人数实在太多,如张集馨在《道咸宦海见闻录》中说:"楚省风气,近年极旺,自曾涤生领师后,概用楚勇,遍用楚人。各省共总督八缺,湖南已居其五:直隶刘长佑、两江曾国藩、云贵劳崇光、闽浙左宗棠、陕甘杨载福是也……"[①]另有记载:"湘、淮、楚营士卒,徒步起家,多擢提、镇、参、游以下官,亦累累然。"[②]

根据中国近代史专家罗尔纲对湘军重要将领182人的考察,在各级湘军将官中,官至总督者有13人、巡抚13人,其他文职如布政使、按察使,武职如提督的有143人。这些官员在清朝的官僚体系中,职级都很高,像总督位居一品,巡抚位居二品,布政使、按察使位居三品,武将中的提督位居一品。这些湘军出身的官员不仅级别高,而且都有实权,可以说都是地方一呼百应的实权人物。虽然湘军集团势力很大,但在与太平军作战时,清廷是不管军费的,其实清廷也无力承担,主要是湘军自己筹措经费,而湘军之所以能筹措到军费,一是在各地征收,二是商人们大力支持。

于是在一些史料记载中,我们看到很多很有趣的事情,像湘军将领左宗棠、郭嵩焘、王闿运等,都与朱昌琳有很不错的关系。他在致富以后,更尤礼名士,与郭嵩焘、郭崑焘、王闿运、邓辅纶、吴敏树、杨恩寿等交好。同治、光绪年间,他经常邀约诸友前来他的宅邸心远楼或馀园,或驱车几十里至棠坡的恬园,置酒高会,观景赏花,吟诗作赋,为一时之盛。尤其是郭嵩焘回到长沙后,更是与朱昌琳相互唱酬,喝茶品酒,展望未

---

① 张集馨:《道咸宦海见闻录》,中华书局,2008年。
② 《清史稿》志九十二,中华书局,1998年。

来，几成人生挚友。

朱昌琳虽然没有直接加入湘军集团，但他与湘军将领的亲密关系自然也给他带来了巨大的发展空间。他们之间的交往和提携，除了有共同的志趣和理想，经济上的往来也是主要的。

对于朱昌琳来说，与这些人交往，可以拓展人脉，扩充自己的朋友圈。他希望通过结识这些名宦和雅士，提高自己的社会影响力，最重要的还是老乡之间互相提携、帮助，既是帮助自己，也是帮助家乡。湖南人固有的老乡情结，尤其是湘军集团的成功，让湖南人在不同的场合团结得更紧密了。

朱昌琳与湘军集团的过往密切，也让这些过去叱咤风云的功勋认识到了朱昌琳的人品和处事原则，一旦遇到难办的事情，或者需要朱昌琳出面支持的时候，他们自然就会想到这个仁厚端庄的首富，同时他们也愿意在商业上给予他更大的帮助。

经商，头脑和机遇固然重要，人品更为重要。一个人品极差的商人可能会富裕一时，但不可能长久。

第三节　南柜总商赢人生

机会终于来了。

早在同治元年（1862），江南的太平军与清军激战正酣，陕西的回民趁太平天国和捻军进入陕西的机会发动叛乱。同时宁夏也爆发了大规模的回民起义，这让陕甘局势岌岌可危。

同治三年（1864），正在江南一带率兵合围南京的湘军将领杨岳斌被委任为陕甘总督。此时太平军与清军鏖战正酣，虽然太平军已是强弩之末，但还是牵制了大量清军。在这关键时刻调离杨岳斌显然不合时宜，在曾国藩的一再请求下，清廷特许其在剿灭太平军后再赴任。

同治四年（1865），岌岌可危的西北局势迫使清廷不能再有任何怠慢，就调令杨岳斌这位湘军将领离开南京前往西北履职。杨岳斌马不停蹄从江南赶到西安，再从西安赶往甘肃兰州府赴任。当时甘肃因回民起义，军政糜烂，主政官员雷正绾、曹克忠新近兵败金积堡，都兴阿、穆图善等围攻宁夏，却难有进取，甘肃省兵丁疲弱，屡战屡败，而清廷下令各省驰援西北的援军又迟迟不至，加上粮道被回民起义者阻断，府库空虚。杨岳斌到任后，屡次上疏朝廷，请求从别省调拨钱粮，又打算进军灵州。

同治五年（1866），杨岳斌到泾州、庆阳视察军队。不料兰州发生兵变，叛乱者用武力逼迫布政使林之望上疏朝廷，弹劾总督杨岳斌分派粮饷不公。杨岳斌命部将曹克忠回军平乱，诛杀首犯百余人。此时头脑有些膨胀的杨岳斌想看看林之望在给皇帝的奏折中究竟列举了自己哪些罪状，就命人将林之望的奏折拿过来私下拆阅。在战场上勇武强悍却被手中的大权冲昏了头脑的杨岳斌，不知私下拆阅给皇帝的奏折是何等的大罪，结果被林之望等人弹劾，朝廷下令革职留任，降为三品顶戴。"晚清湘西传奇将军"杨岳斌从此开始了自己郁闷的赋闲生活。

同治五年九月，谕令左宗棠前赴陕甘。

同治五年年末，左宗棠动身前往西北，身份是钦差大臣。他原打算直接率各路大军平定回乱，但此时西捻军势力正猛，不断进犯陕西，危及西安，左宗棠认为捻军强于回民义军，遂把重点放在镇压西捻军上。

同治六年（1867），左宗棠以钦差大臣身份督统军队，屡次击败西捻军，但因宁夏回民的牵制、捻军机动灵活等因素而难以彻底取胜，最后导致延川、绥德多次被回民军攻破。是年末，捻军由陕入晋，继而入河南、直隶，京师震动。左宗棠与李鸿章、李鹤年、官文皆受革职处分。左宗棠率军追击，并且建言献策，最终于同治七年（1868）协助李鸿章消灭了西捻军。

左宗棠在陕甘任内，除了督办陕甘军务，率军西剿西捻军和西北反清回民军,对西北茶务也进行了成效卓著的改革。

左宗棠为什么热衷于茶业改革?原来左宗棠初次督办陕甘军事时,带领湘军平息回民起义,湘军西进甘肃以及之后收复新疆时,军中大多将士水土不服,很多将士上吐下泻,极大影响了军队的战斗士气。左宗棠听说茯砖茶可以缓解将士水土不服症状,遂下令用茯砖茶饮服解之,效果甚佳。加上泾阳茯砖茶又是由湖南茶制作的,也有一些乡情之味,湘军将士甚是喜爱。因几万湘军所需,也就增大了茯砖茶的需求量,茶价一路上涨。

晚清西北地区茶马互市以及茶叶交易是内地与西部边疆地区主要的贸易方式,当时茶叶的主要供给地是陕西、四川和南方的部分产茶地区,负责茶叶运输的主要是西北、山西等地的商人。晚清时期茶马互市中的甘肃茶商分为东西二柜,我们从左宗棠上奏给同治皇帝的《变通办理甘肃茶务疏》中可以看出:"溯甘省茶商,旧设东西两柜。东柜之商,均籍山、陕,西柜则皆回民充商,而陕籍尤众。"[①]也就是说,甘肃的茶商分设东西两柜已经很久了,东柜的茶商主要以陕西、山西的茶商为主,西柜的茶商主要由回民茶商充任,当然主要的还是以陕西回民为主。晚清时期,运销西北地区的茶叶,除了陕西汉中茶叶,南方茶叶(主要指湖南、湖北、江西及四川的茶叶)占大宗,尤其是湖南的茯苓黑茶,几乎占领了西北茶叶市场。

茶叶当时是西北重要的贸易物资,也是清政府重要的税收来源。由于长期推行的茶叶交易的规定积弊深重,加上各地起义不断,导致茶叶运输和销售路线受阻,但茶叶又是西北少数民族必不可少的生活用品。在西北少数民族中流传着这样的话:"宁可三日无食,不可一日无茶""一日无茶则滞,三日无茶则病"。清政府实行的原有茶引制度问题多多,当时茶

---

① 左宗棠:《变通办理甘肃茶务疏》,载《甘肃新通志》卷二十二,清宣统元年刻本。

商可不受数量限制，随意领取茶引，有的商人领取的茶引多达数十乃至百引，相当混乱，缺乏有效的管理，偷税漏税现象普遍。

左宗棠看到原来实行的茶引制度弊病积深，于是效仿原两江总督陶澍在淮盐运销上的方法，也是后来曾国藩大力推行的票盐制，在茶叶经营管理中推出了茶票制度。左宗棠在给同治皇帝的奏折中说：

> 国家按引收课，东南唯盐，西北唯茶。茶务虽课额甚微，不足与盐务相比，然以引课有无为官私之别，与盐务固无异也。道光年间，两江盐务废弛，先臣陶澍力排众议，于淮北奏改盐票，鹾纳顿起，且有溢额；曾国藩克复金陵，犹赖票盐为入款第一大宗，其明验也。盐可改票，茶何不可？……今拟仿淮盐之例，以票代引。

在左宗棠改革之前，西北地区的茶商靠茶引购买茶叶。"引"是商人从事茶叶贸易的纳税凭证，最早实行卖引法是从北宋末年开始的，叫"榷茶制"。规定凡是茶叶买卖，不准民间私相交易，概由官府收买。商人如果想经营茶叶，必须先到京师榷货处缴纳税金，领取引票，持引至茶叶生产地收购，然后将茶叶运往西北销售。茶引类似于我们后来的特种商品经营许可证。

茶引从宋代诞生后，历元、明、清，成为官府控制西北地区茶叶贸易的主要手段。西北地区的茶引分为陕引和甘引。如果想在西北地区经营茶叶，必须先从陕西或甘肃纳税领取茶引，然后再带着茶引到茶叶的生产地湖南安化采购，接着运到陕西或者甘肃，最后进行制作销售。陕引茶叶较细嫩，每包80千克，运往晋、陕、察、绥等省，以太原、西安为主要市场。甘引系较粗老的黑毛茶叶，每包90千克，运往陕西泾阳，压制成茯砖，以兰州为主要市场。

同治十二年（1873）朝廷批准了左宗棠的奏折，"改引为票，曾设南柜"。

按照左宗棠的规定，发行的茶票每票50引，合茶51.2担。具体措施有：

一、申领茶票的人每人至少得领1票，多者不限，并且必须在陕甘一带有固定房产，同时还得有3家作保，类似于我们现在的合同担保。

二、把茶商以前所欠的茶税全部免掉，而且不准再乱收其他杂费。为了方便湖南安化茶叶销售，左宗棠还与时任湖南巡抚协商，对持有陕甘茶票的茶商运茶过湖南境时，只征收税金二成，其余八成由陕甘都督府补贴，在湖南应解甘肃协饷内划抵。这一措施一举两得，既激发了茶商运销茶叶的积极性，又解决了甘肃协饷历年拖欠的问题。

三、清政府规定每张茶票征收税银258两，初领时先征收100两，等商人将茶运到兰州入库时，再补缴剩余的158两。在缴纳课税后，商人可自由经营。

四、组建新柜，扩大规模。左宗棠在整顿原有茶商经营组织东、西二柜后，为了扩大湖南安化黑茶的销售渠道和销售市场，下令组织了新的茶叶组织——南柜。"遴选新商采运湖茶，是曰南柜。"①

1873年，左宗棠实行茶票时，一开始心里没底，试着投放835票，谁料想一夜之间竟被茶商一抢而空。1875年增发到1462票，还是很快被商人抢

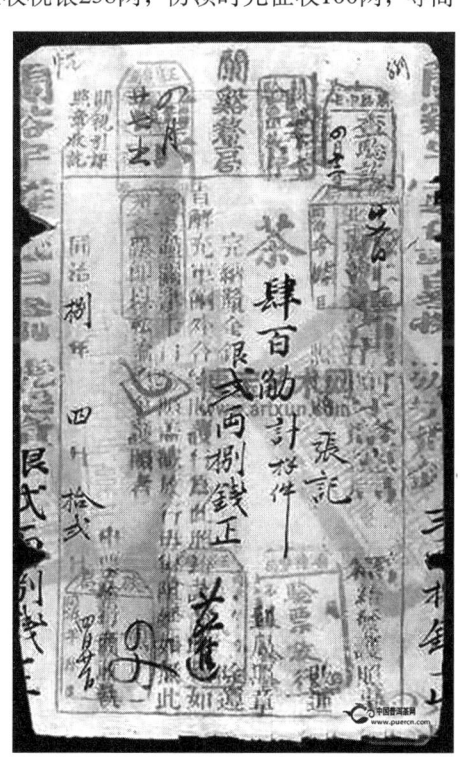

清代茶票

---

① 《清史稿》卷一百二十四《食货志五·茶法》。

购一空。商人看准的是商机，西北战乱平息，商道畅通，加之又有政府支持保护，自然很快就能吸引无数商人的目光。谁有战略眼光，谁能占领先机，谁就能发财致富。

在左宗棠实行茶票时，最关心的莫过于湖南人，因为左宗棠实行的改革主要还是打开湖南黑茶的西北市场。当左宗棠身边的亲信把左宗棠准备整顿西北茶叶市场、推行茶票制度的消息传到朱昌琳耳朵里时，这位善于把握商机的智者立即领悟到这又是一次难得的发财机会。一次囤积粮食，一次冒险领取盐票，他都比普通的商人具有灵敏的商业嗅觉，这才让他发财致富。

这一次，他认为茶叶销售的商机到来了，早早准备了大量的银两，一旦左宗棠推行茶票，就立即购买。

1873年，新的茶票刚推向市场，很多商人还在观望，踟蹰不前，摸不准新法，朱昌琳早早就把准备好的银两拿出来，领取茶票200多张，占了首次投放茶票的近四分之一。为了把茶业生意做大做强，朱昌琳专门在长沙坡子街开设了乾益升茶庄。组织人手大规模进军茶叶销售，在茶业销售领域再做出一番业绩来。

左宗棠在进行西北茶叶市场改革的同时，对原有的茶业行会组织东、西柜进行改革，在兰州设立新的组织——南柜。南柜主要经营湖南茶叶，当然南柜的总掌柜也必须由湖南人担任，这样才能实现左宗棠振兴湖南茶业的愿望。

在遴选南柜总负责人的时候，长沙富商朱昌琳早就进入了左宗棠的视线，一则朱昌琳在长沙的商业实力雄厚，很多湖南人都了解；二则朱昌琳在经商的过程中和湘军不少将领都有交际，人缘不错，口碑颇佳；三则朱昌琳人品较好，不是见利忘义之辈，而且此人稳重有见识，颇能担当大任。所以左宗棠首选人物就是朱昌琳。

左宗棠和朱昌琳的关系究竟如何，我们目前还没有见到直接的史料。

在左宗棠聘请朱昌琳出任南柜总管之前，他们两人关系如何，我们不得而知。从左宗棠长期在外任职的经历看，二人是没有直接接触的机会的。但朱昌琳和其他湘军将领颇有交际，很有可能朱昌琳的人品和实力也是通过其他湘军将领而传递给左宗棠的。左宗棠在整顿茶叶贸易，在西北大力扩张湖南安化黑茶的经营，自然是希望湖南老乡能出来担当这一重任，想来想去，有经营头脑和实力的也就是朱昌琳了，所以左宗棠迫不及待给朱昌琳修书一封，敦请他出山担任南柜总管。

朱昌琳很支持左宗棠茶叶经营的改革，在左宗棠开始实行茶票制度时，他就率先购买200多张茶票，以实际行动支持左宗棠的改革。当邮差将一封官书交给他时，他怎么也想不到是左宗棠亲自书写的邀请他出任南柜总管的邀请函。在这封信中，左宗棠谈了自己整顿茶叶经营的设想，尤其是希望湖南安化黑茶能在西北打开销路，也算是为家乡做的贡献。

朱昌琳在接到左宗棠的邀请函后，掩不住内心的兴奋，他做梦也想不到，堂堂朝廷一品大员、高居陕甘总督的左宗棠会如此诚恳地委自己以大任。他原本只是想自己发点财，从没想到关乎湖南茶叶的营销大计。这种机会是多少人想都没有想过的，真是上天眷顾，这等美事一下子就落在了他的头上。如果经营得好，自己不仅开拓了茶叶经营新领域，而且还成为湖南黑茶进军西北的总舵人，这是何等的荣耀！朱昌琳没有多想，很快给左宗棠修书一封，爽快答应下来。

就这样，朱昌琳成为左宗棠新成立的茶叶经营组织南柜的总管。就在朱昌琳答应出任南柜总管的同时，他也在积极准备着到兰州进行实地考察和安化黑茶营销到西北的筹划工作。这一年朱昌琳51岁，刚刚过了知天命的年龄。

在中国人的传统观念中，过了知天命之年，就是人生的顶峰已经过去，接下来就是如何守成的问题了，重新开疆扩土、谋求更大的发展已不是很多人的首选。但作为有智慧的商人，朱昌琳不愿意失去这一机会。在他看来，如果茶叶生意能够做成，朱家的产业将会踏上新的台阶，成为粮食、食盐、茶叶三业并举的顶级商人，他的人生将会达到一个新的高度。为了实现这一愿望，尽管过了知天命之年，他还是谢绝了友人的善言规劝，带着一帮志同道合的湘商踏上了西北征途。

经过长途跋涉，朱昌琳一行到达兰州，先是拜会左宗棠，接着开始考察西北市场，了解西北茶叶销售行情，着手准备南柜的筹建和发展计划。

朱昌琳除了负责兰州南柜的业务，还在新疆乌鲁木齐设立分庄，派员到湖南安化等产茶地从茶农手里直接采购茶叶，然后再把这些茶叶从水路或者陆路运到陕西泾阳加工为茯砖，包装成封，最后分销西北地区的陕西、甘肃、青海、新疆各地。

朱昌琳的生意之所以能做出如此大的规模，与他的经商理念有直接关系，在他看来，经商就如同治理国家一样，必须得有章法。因此他按照茶叶产销流转方向，分别在安化、汉口、泾阳、西安、兰州、塔城等地设

泾阳茯茶

置分庄，负责茶叶收购、转运、加工、销售等工作，各部门各司其职，经营也十分顺畅。

安化，是湖南黑茶的主产地，朱昌琳就在此设立乾益升茶庄分店，和当地的著名茶商合作，采购茶叶。

朱昌琳很重视茶叶的质量，他知道茶品质量直接决定着销售。为了感谢左宗棠的知遇之恩，也为了让左宗棠在忙碌工作之余能品尝到家乡黑茶的茶韵，他在安化专门挑选一块上好的茶园，生产最好的黑茶，专供左宗棠等高官们享用。据说，"红顶商人"胡雪岩也曾请朱昌琳制作特供茶。

汉口，是湖南安化黑茶的中转站。安化生产的黑茶通过水路运到汉口，再从汉口向西运到西安。为了便于茶叶运输，朱昌琳在汉口开设分店，专门负责茶叶中转。

泾阳，位于陕西咸阳，是著名的南茶包装地点。朱昌琳专门在此设立乾益升茶庄分店，把湖南安化黑茶制作成茯砖。当时湖南生产的安化黑毛茶在产茶地被踩压成90千克一篓篓大包，通过水路、陆路运往陕西泾阳制

旧时安化码头

成茯砖。早期的茯砖又称"湖茶",因在伏天加工,故又称"伏茶",因在陕西泾阳筑制,又称"泾阳砖"。泾阳砖每块重2千克,非常便于销售和运输。为了把湖南黑茶制作成茯砖运往西北,朱昌琳也在这里设立乾益升茶庄分店,主要借用当地的人工和娴熟技术,把安化茶叶制作成茯砖。

西安,是茶叶进入大西北的前沿市场,朱昌琳在此专门设立乾益升茶庄分店,负责将泾阳砖茶运往西北。

兰州,是茶叶在西北销售的最重要地区,也是晚清陕甘总督的驻守地,更是左宗棠设置的南柜的根据地。朱昌琳经营的南方茶叶最终都要运输到这里,从兰州开始分销各地。

左宗棠重用朱昌琳担任南柜总管,为湖南茶叶的销售打开了新的局面。南柜虽然成立得比较晚,但由于朱昌琳善于经营,南柜的业务很快超过了东柜和西柜。原来西北茶叶市场是东、西柜商人们的天下,南商根本没有立足的机会。因为有左宗棠的支持,以朱昌琳为首的湖南商人几乎垄断了西北茶叶市场,当晋商们归来时,发现物是人非,遍地都是湖南砖茶,他们连进货渠道也没有了。无奈之下,这些晋商开始向湖南商人承拨分销。朱昌琳此时已是南柜总管,晋商们不得不从乾益升茶庄购买黑茶,然后再分销到其他地方,以此谋利。

从1864年到1873年,在这段时间,朱昌琳抓住了人生的两次发展机遇,他的精明头脑和善于捕捉商机的商业眼光,让他从一个蛰居长沙的粮商一跃成为当时所有商人都羡慕的盐商和茶商。粮食、食盐和茶叶,都是人们日常生活所必不可少的商品,作为一个商人只要能经营一个商品,就可以称雄商界,成为商业大亨,更何况三个大宗商品的经营?可以说,此时的朱昌琳不再仅仅是长沙城一个小有名气的粮商,而是成为业跨三界、名震两湖的商界翘楚。

第五章 湘军将领的"贤内助"

在中国历史上，商人一直没有好的形象。在大部分人的印象中，在文人的笔下，商人都与奸诈、刻薄、见利忘义、吝啬小气等相联系，但在历史上有很多商人在经商成功之后，迸发出了内心的善良、怜悯与博爱，在面对天灾人祸时，勇于站出来，捐钱捐物，赈济灾民。

在很多时候，民间富商的赈灾采取的都是应急的行动，都只是就事论事，手段无外乎捐钱捐物，系统性考虑赈灾的还不多。朱昌琳就是一个特殊的商人，他把经商智慧运用到赈灾中，开创了新的模式，取得非凡的成绩。

第一节 "丁戊奇荒"显身手

朱昌琳的商业帝国之所以崛起得如此之快，关键在于他有善于捕捉商机的头脑。他和当时叱咤商界、政界的"红顶商人"胡雪岩最大的区别在于：胡雪岩是攀附手握大权的地方官，在权钱交易中构筑自己的商业帝国；朱昌琳更多的是利用自己的经商如治国的战略眼光，构筑自己的商业大厦。

人出名之后，尤其是发财之后，自然在你的身边就会围拢上各色各样的人物，朝廷命官、地方官员、乡绅精英，都会成为你的座上嘉宾。

朱昌琳虽然没有刻意去攀附权贵，但手握大权的地方官员却时时刻刻需要他这位湖湘大地首富的支持，想利用他的财富和商业头脑来稳固自己的政治地位。

太平天国运动，造就了一大批湘军精英，这些人成为19世纪六七十年代晚清官场权势最显赫的一个阶层。他们很多人虽然贵为总督、巡抚，执掌一个地区、一个省、一个州的行政大权，但晚清多灾多难，清廷财政捉襟见肘，许多现实问题必须由这些地方官员自己解决。财政紧张，制衡着许多湘军大员，在遇到财政困难时，他们无不想到湖南的商界翘楚——朱昌琳。每当有地方督抚需要解决困难而登门找到朱昌琳时，朱昌琳作为商界大亨，为了湖南人的感情，也会毫不犹豫出面帮助。久而久之，朱昌琳就成为许多湘军将领的"贤内助"。

商人再讲感情，逐利的本色也不会改变。朱昌琳很聪明，他知道在与这些湘军将领打交道时，过分追求权钱交易有可能会毁了自己。所以他本着诚信的经商原则，从不和这些湘军将帅讨价还价。官商结合，最怕的是商人利用官员的权力为自己谋利，这样的话商人的把柄就掌握在官员手中，官员利用自己的权力让商人赚取巨额利润，自然也会认为商人应该给自己有所回报。当这种勾结一旦败露，商人就会成为官员的牺牲品，不仅自己多年打拼建筑起来的商业大厦顷刻间倒塌，自己也可能身陷囹圄，性命不保。

朱昌琳很清楚官场上的种种勾当，他可以通过官员赚钱，但赚的都是明明白白的钱。对于官员的一些要求，他也会尽力满足，毕竟许多官员有求于他的也是为地方百姓排忧解难，当然官员在中间也会有个人的政治目的。

光绪三年（1877）至四年（1878），这是中国近代史上不得不书写的一个特殊年份。从1877年开始，在中国北方尤其是山西、河南、直隶、陕西、山东等省爆发了旱灾。这场旱灾造成1000余万人饿死，另有2000余万灾民逃荒到外地。根据干支纪年，这两年分别是丁丑年和戊寅年，因此后世称之为"丁戊奇荒"。

1877年，山西、河南、直隶等地旱情加重，久晴不雨，赤地千里，华北大地的庄稼几乎枯死，很多地方几乎绝收。后又遇上蝗虫横行，残存的庄稼谷物被一扫而光。这一年各省收成均减少一半以上，部分地区甚至不足三成。

面对这场大旱灾，各地抚臣们忧心如焚，如时任山西巡抚的湘军将领曾国荃，在向朝廷的上奏中哀叹："晋省迭遭荒旱……赤地千有余里，饥民至五六百万口之多……灾区既广，为日又长，灾区粮缺，不特无树皮草根可挖，抑且无粮可购。哀鸿遍野，待哺嗷嗷，道殣相望，惨不可言。"[1] 他详细道出了当时百姓的惨状：树皮、草根已被吃光，老百姓只能挖观音土填肚子。

许多地方的碑记中，对灾荒的记述令人刻骨铭心，当地老百姓"挖蒲根而蒲根无存，剥榆皮而榆皮亦尽。或卖器具以营生，或鬻儿女以糊口，或烹家犬以度日，或宰耕牛以充饥"[2]，"食路尸、啖行人，伦常罔恤、希图一饱者，比比然矣"[3]。

为了防止因灾荒而引发民变，清政府不得不对救灾工作加以重视。一方面频频减免灾区赋税，并要求江浙等省份调拨钱粮进行赈灾；另一方面调派朝廷大员阎敬铭、李鹤年等前往山西、河南主持赈灾事宜。

因庞大的官僚机构工作效率低下，加上灾荒时间跨度太长，波及地域广，朝廷的救灾十分受限。各种举措对于嗷嗷待哺的数千万灾民而言，几乎是杯水车薪，饿死人、人吃人的传闻不断充斥坊间。

在华北大地，缺粮、死人是两个极度敏感的事件。

湘军出身的山西巡抚曾国荃面对山西的大旱灾，心急如焚，为了三晋

---

[1] 《曾忠襄公奏议》，文海出版社，1969年。
[2] 《三晋石刻大全·临汾市洪洞卷》，三晋出版社，第564页。
[3] 《三晋石刻大全·临汾市洪洞卷》，三晋出版社，第564页。

大地的灾民早点脱离苦海，他一方面不断向朝廷要钱要粮请求赈济，另一方面想通过自己的社会影响力和人脉，动员数千里之外的湖南乡亲，慷慨解囊，有钱出钱，有力出力，有粮出粮，救救那些在死亡线上挣扎的三晋灾民。为此他写信给湖南巡抚，希望湖南能助自己一臂之力，同时他也给私交不错的大粮商、大盐商、大茶商、湖南首富朱昌琳写信求援，希望朱昌琳能在关键时刻站出来，振臂一呼，为三晋大地的灾民做点事情。他给朱昌琳写信，是因为他们多年的关系，加上朱昌琳有着乐善好施的品德，他相信朱昌琳一定会慷慨解囊。

其实早在曾国荃写信之前，朱昌琳就听说了北方的灾情，他心系灾民，也想着能为灾民们做点事情。在收到曾国荃来信的同时，他也收到了陕西巡抚、湘籍湘军将领出身的谭钟麟的求援信，内容也是如此，希望朱昌琳能振臂一呼，号召湖南乡绅百姓为自己所在省份的灾民募捐。

这一年，朱昌琳55岁，为了完成两位湘籍巡抚的嘱托，他马不停蹄地开始筹集赈灾物资。灾民最缺的是粮食，他除了捐出大量粮食，还慷慨拿出巨资，到市场购买粮食。为了把这些赈灾粮尽快运到北方，他还走上街头，游走于大小店铺，动员湖南乡绅、商人捐款捐物，他用募捐来的钱财购买了大批布匹，做成粮袋，装上自己捐赠的大米和湖南乡绅捐赠的粮食，调动船只，浩浩荡荡向北方运去。

朱昌琳筹办赈灾物资，不是单纯为了赈灾而赈灾，他想到了更多，他的精明头脑令他发现了多重商机。原来他早就考察清楚，北方灾民除了缺少粮食，衣服也是极度缺乏的。粮食可能解决灾民一时的饥饿问题，但当寒冬来临，缺衣少穿的灾民又该如何度过寒冬？长时间的灾荒，北方百姓家徒四壁，已经没有钱财制备御寒衣服。如何在运送救命粮的同时，也让百姓免于冻死呢？总不能今天刚把赈灾粮运到，明天又得筹备运送御冬的棉衣吧。能不能一次运送，达到多重效果呢？朱昌琳在苦苦思索着。

如果想达到多重效果，还必须在运粮袋上做点文章，或许还能觅得商机。朱昌琳经过彻夜思索，终于想出了两全其美的办法，就是以能缝制衣物的布做成运粮袋，当粮食发给灾民后，再把这些粮袋浆洗，雇人做成衣服，或低价卖给灾民，或无偿捐给灾民，这样既解决了灾民的吃饭问题，又将运粮袋二次利用做成衣服，解决了百姓的御寒问题。

55岁的朱昌琳虽然步入知天命之年，思维仍是那么敏捷，慈善、赚钱两不误，没有一点高瞻远瞩的洞察力还真的难以做到。

有了这样的想法，朱昌琳心情大好，对于赈灾他更是热情高涨，想着自己的这步妙招能给受苦受难的北方灾民带去更大的实惠，他的积极性更高了。他派人携带巨额捐款到平江购买大量的平江大布。

湖南平江是当时土布生产基地，所产土布几乎占湖南市场的大半，是湘人家庭衣服的主要用料。平江大布，结实耐用是其特点。这种布主要用于衣服和床上用品，很少用于粮袋。在人们的一般生活中，粮袋多系一次性用品，用完就扔，谁还在乎装粮的布袋是好布还是差布？

当购买的平江大布运到长沙，朱昌琳让人把平江大布做成米袋盛装大米时，很多人不理解，甚至家人也反对，觉得这是浪费。社会上更是有些人认为朱常琳不是在赈灾，而是在摆阔气，是沽名钓誉，拿着大家捐的钱为自己捞取政治资本。反正说什么的都有。朱昌琳对这些传闻，不争辩也不解释。这是商业机密，岂能随便道于他人？

朱昌琳没有辜负曾国荃、谭钟麟的期望，在他的号召下，湖南各界纷纷伸出援助之手，很快就筹集了一大批大米和布匹。他马不停蹄把这些灾民急需的物资运到北方灾区。朱昌琳是湖南商界翘楚，他动用各方资源，将这批赈灾物资从长沙装船起运，从水路浩浩荡荡向武汉方向前行。

对于这批物资，朱昌琳非常用心，多年来在商海摸爬滚打，也不知经历了多少艰难险阻。如果在平时，不论是粮食还是茶盐，他都交给手下办理，自己坐镇长沙，调度"千军万马"，很少亲自押运。但这次不同，这是湖南各界对晋陕百姓的一片爱心，这批物资不能有半点闪失。于是他不顾半百之年，亲自跟随赈灾大军向北方挺进。赈灾船队到武汉后，沿汉江继续北上，在进入河南后改用车运，这批物资被分为两路运到陕西、山西重灾区。

当这些千里迢迢从南国运来的赈济粮分到灾民手里时，朱昌琳心里如释重负。是啊，自己大半生都奔波在商海，如何赚钱，如何把生意做大是他考虑的头等大事。看到饿殍遍野的三晋大地的萧瑟景象和饥肠辘辘的灾民，他的内心受到了极大的震动，他开始谋划下半生该如何度过，该做一些什么事情为苦难深重的国家和人民排忧解难。到了后来，尤其是70岁以后，朱昌琳把主要精力放在慈善事业上，或许是因为这次重灾区的经历对他触动太大，这次救灾成为他后半生慈善事业的起点。

在朱昌琳把赈灾粮运到陕西和山西的时候，已是深秋初冬。黄土高原的秋风早已萧瑟凛冽，虽然他在来赈灾的时候，带来了一大批粮食和布匹，但这远远不够。长时间的灾荒，八百里秦川和三晋大地不见人烟，经过的村庄沉寂萧瑟，尽显凄凉。村落不见烟火，田地大片荒芜，尚有存活的人家，也是家徒四壁。当曾国荃和朱昌琳讨论到百姓如何过冬时，曾国荃面露难色。也难为了这个铁血将军，不过朱昌琳已经做好了筹备。

赈灾粮运到山西、陕西后，朱昌琳没有把粮食卸下就走人。他向曾国荃和谭钟麟提了一个要求，就是粮食全部留下，但粮袋必须拿走。很多人不理解，堂堂一个湖南首富，这么多的粮食都不在乎，还在乎这些粮袋？

这些充作粮袋的平江土布，本就是湖南人日常做衣服的布料。曾国荃和谭钟麟也没有为难朱昌琳，人家帮了自己这么大的忙，这一点小小的要求都不能满足吗？两位巡抚爽快答应了朱昌琳的要求，把粮食搬到粮仓，卸下粮食，粮袋让朱昌琳拿走。

朱昌琳雇人把这些粮袋全部拆开，清洗干净，一条条白布挂在河边的树下晾晒，那情景震撼人心，就像染坊悬挂的布料，蔚为壮观。等这些白布晾晒干净后，朱昌琳把这些布料送到当地的染坊，全部染成黑色，之后又从其他地方购买大量的棉花，请当地裁缝师傅和精通手工的妇女，用这些布料和购买来的棉花赶制棉衣、棉裤。到此时人们终于明白，原来朱昌琳早就有了计划，赈灾粮是大家捐赠的，不能发国难财，但这些还不足以表达自己的怜悯之心，他要把这些衣服捐给灾民，让他们能顺利度过寒冬。就这样，朱昌琳用湖南人捐赠的钱款购买了平江布和粮食并运到灾区，又用这些布料做成御寒的棉衣、棉裤，无偿捐给当地的灾民，一举两得。这就是朱昌琳的精明之处。

第二节　力助西征收国土

早在同治三年（1864），在清廷穷于应对太平天国起义和陕甘回民之变时，新疆的一些割据势力开始了占山为王的混乱局面。有些割据势力为了自己的一己私利，勾结境外势力进入新疆，新疆出现了清廷难以控制的局面，甚至出现了分裂的苗头。但是清廷也无可奈何，太平军尚未扑灭，哪有能力应对新疆的混乱局面。于是也就采取听之任之的态度。而沙俄也于同治十年（1871）公然侵占了北疆伊犁，大有把伊犁河谷变成沙俄领土的企图。

同治五年（1866）在太平军被剿灭之后，左宗棠被任命为钦差大臣负责平定甘肃、宁夏的回民之变。在平定后，他打算一鼓作气收复新疆。但1871年因为日本侵台事件，清廷内部出现了旷日持久的塞防和海防之争。

以李鸿章为首的一批朝中重臣主张加强海防，把日本设想为未来的假想敌，主张加强东南沿海的军事防卫，在清廷财力不足的情况下，放弃西北边疆。以湖南巡抚王文韶为首的一批湘军将领主张加强塞防，认为中国未来的真正威胁不是东南沿海而是西北边塞。左宗棠作为清廷举足轻重的人物，在他看来海防和塞防同等重要，但是他认为如果朝廷听信李鸿章裁撤兵饷、益助海防，将会导致英国、沙俄不断渗透新疆。

光绪元年（1875），刚上台的光绪皇帝只是一个小孩儿，老谋深算的慈禧太后以光绪皇帝的名义下诏，授左宗棠为钦差大臣督办新疆军务，全权节制三军，择机出塞收复新疆。

光绪二年（1876），左宗棠在肃州祭旗，出塞平叛，仅用一年的时间就收复了除伊犁的新疆所有领土。对于左宗棠来说，武力平叛和收复领土并不难，难就难在后期物资的保障上。要知道新疆地广人稀，从内地运送粮草非常不容易，加之当时清廷财政捉襟见肘，很难及时保证大军的粮草供应。很多时候还得自己想办法解决。

左宗棠为了收复新疆，做了大量准备工作，如在兰州建立兰州制造局，负责为西征大军修造枪炮；派西征军前锋驻守哈密，兴修水利，屯田积谷，建立粮食供应基地，保证西征大军出塞后的粮草供应。

在选择西征军粮草供应的人选上，左宗棠第一个想到的就是朱昌琳。此时的朱昌琳已经是西北茶叶运销南柜的总管，西北七成的茶叶生意都由他掌管。对于左宗棠出塞收复新疆，他是积极的支持者和拥护者。当左宗棠提出让他负责大军的粮草运输和供应时，他没有丝毫含糊，一口应承下来。

左宗棠也深知这位湖南富商非常精明，朱昌琳在"丁戊奇荒"中的卓越表现早已让人刮目相看，尤其是他把运粮袋做成棉衣襄助灾民的壮举，左宗棠已有所耳闻，也甚为这位老乡的才华所折服。所以他早早就给朱昌琳建议，在向西征军运粮的时候，也采取赈灾的办法，用布料制作运粮袋，之后再把粮袋做成冬衣，提供给西征军将士，避免因塞外寒冷而使将士受冻。

当然朱昌琳早就考虑到了，不等左宗棠提醒，他就早早备好了布料。诚如我们在陕西、山西灾区看到的情形一样，当一车车粮食运到军营后，他派人负责收回粮袋，又把粮袋浆洗干净。夏天的时候，做成单薄军衣，配送给士卒；冬天的时候，再购买棉花，做成棉衣，保证了作战士兵不受冻。在西征新疆的一年多时间里，西征军没有因为粮草补给出现困难，与朱昌琳这位"贤内助"有极大关系。

当然，参与西征军粮草供应，也让朱昌琳稳稳大赚了一把。不仅如此，他参与赈灾以及襄助左宗棠收复新疆的各种壮举，也为他赢得朝廷的各种封赏。在左宗棠、曾国荃、谭钟麟等湘籍高官的大力支持下，他先是被朝廷授为候补道员，相当于知府和巡抚之间的官员，品秩相当于四品官员，不过是候补的，是名义上的。在做了这些贡献后，这些湖南籍的巡抚大员一再上奏朝廷，表述他的功勋，朝廷又加授他按察使衔，发江西补用。再到后来，因他赈灾有功，光绪皇帝更是授予他头品顶戴，相当于一品大员了。

朝廷授予朱昌琳的这些头衔，大多都是虚衔，并无实际权限。这些虚衔对朱昌琳来说，更多的是为他提供了进行广泛交游的条件，给了他更多的底气，撑起了朱氏家族的门面。因此我们也就看到了这样的现象，朱昌琳不因某位高官的倒霉而倒霉，也不因某位高官的升迁而发大财，他与高官们有着不错的私人关系，却从不攀附高官的特权而为自己的商业财富积累半点不义之财。在长沙，很多回湘省亲的高官成为他的府邸常客，他们在一起品茶叙旧，把酒言欢，谈笑风生。

我们在史料上看到这样的记载，高官群体中，从同治后期至光绪年间，历任的湖南巡抚如刘崐、王文韶、陈宝箴等都与朱昌琳交好，对他十分尊重；普通民众里，即便僻乡偏远的百姓，素不知有达官显宦，但只要提到朱昌琳的大名，"无不额手颂其贤"[1]。

左宗棠可以说是朱昌琳事业上的知遇者，他把西北茶业运销的大权交给朱昌琳，成全了朱昌琳粮食、食盐、茶叶三大商业马车，也让他真正成为湖南首屈一指的富商巨贾，但左宗棠并不因为自己对朱昌琳有恩就小

---

[1] 《郭嵩焘诗文集》卷十五《朱禹田六十寿序》，岳麓书社，1984年。

看他，反而对他的人品极为钦佩。

光绪八年（1882），已经是两江总督的左宗棠告假回到长沙。这样显赫的高官回到故乡，湖南各级官员、乡绅贤达前来拜访者自然是络绎不绝，"高年勋硕入谒者率循后进礼"[①]。

左宗棠回到长沙，除了省亲，还有就是叙旧，和多年的老朋友见见面，聊聊天。朱昌琳，他一定是要见的。当朱昌琳来拜访的时候，门客通禀左宗棠。左宗棠一听朱昌琳来访，"降阶趋迎，酬对款洽逾常仪"。左宗棠还举起大拇指，称颂朱昌琳"吾乡之豪杰也"，"一见审矣"。

---

① 《棠坡朱氏家谱》卷十，陈宝箴《陈太夫人六十寿序》，民国13年刊。

第六章 发财奥秘"务审时"

在朱昌琳成功后，有不少人打听他发财的机密，朱昌琳也不隐瞒自己的发财奥秘，那就是"务审时，如治国"。

但是如何做到"务审时"？朱昌琳很少向外人道说。

朱昌琳在经商的道路上，一路坎坷，一路幸运。三次冒险，三次赌博，他都赢了。

粮价大跌时，他冒险购进大量粮食，很快，他就赚取了人生的第一桶金，开办起乾益升粮栈，成为长沙知名的粮商。

在太平天国运动期间，两江总督曾国藩为筹措军饷，改革盐业运销，发行盐票。他觉得这是一次难得的发财机会，倾其所有购买盐票。在战争结束后，盐票大涨，盐业收益颇丰，他又赌赢了，一下子成为纵横两湖的盐商。

左宗棠经营西北，改革茶叶运销制度，设立南柜，发行茶票。他高瞻远瞩，又投入巨资购入茶票。此后社会安定，茶叶销路顺畅，茶票大涨，他凭借自己手中的茶票，将湖南茶叶运到西北，占领西北茶叶市场，成为茶叶大亨。

朱昌琳的发财，表面上看似乎很离奇，实则是他抓住了机遇。商场如战场，机遇固然重要，但拥有战略眼光和胆识同样重要。所以当朱昌琳凭借经营的粮食、食盐、茶叶三大宗商品誉满湖湘大地时，很多人都对他的气魄和胆识由衷敬佩，人们在茶余饭后也纷纷议论，探讨朱昌琳发家致富的秘诀。

有不少朋友也对朱昌琳发财的传奇颇感兴趣，他们曾私下询问朱昌琳是如何发财致富的。朱昌琳面对众人不停的打探，只是淡淡地说了一句话："务审时，如治国。"

朱昌琳说出了自己的经商秘密，那就是"务审时"，用我们今天的话说就是要具有前瞻性，对时局和商机要有超前的研判。有人说他胆子太大，每次发财都像在赌博，但每次他都赌赢了，这就不是"赌博"二字能解释得了的，他的核心要义还是后三个字"如治国"。

经商如同治理国家一般，这个标准太高了。谁能站在治理国家的高度来经商？朱昌琳既然能做到，那他又是如何在经商过程中贯彻自己的"治国理念"呢？

第一节 "审时"的秘密

朱昌琳曾总结自己的生财之道在于"务审时"，何为审时？掌握时机，这确实是一门大学问。我们在前面叙述朱昌琳囤积粮食发财，抢购盐票发财和下手购买茶票发财，如果说这就是审时，也说得过去，但很大程度上还是有赌博的成分。如果是粮食丰收，谷物大跌就大量低价进货，谁能保证来年粮食就一定会歉收？如果来年还是风调雨顺、五谷丰登呢？低价大肆购进的粮食肯定折本，卖不出去，恐怕连老本也会折进去，更别说赚钱了。但老天偏偏帮了大忙，来年几个月大雨，长江沿线发生了洪灾，庄稼颗粒无收，这恐怕不能说是"审时"。

我们再看朱昌琳购买盐票。当时太平天国运动尚未结束，战争已经打了十几年，水路不通，陆路不通，商路不通，曾国藩采取票盐制度，也不过是为了解决眼前的军费紧张困难，谁又能预料战争很快就会结束？朱昌琳有这样的政治嗅觉和战略嗅觉。所以他购买盐票，很大程度上也是带有赌博的性质，或许他与湘军将领的相处中，嗅到了战争不会拖得太久的味道，别人的无意闲谈让他敏锐地觉察到了什么，所以在别人还在观望的时候，还在犹豫的时候，他却提前下手，购进大量盐票，就等着战争结束那一天，盐票大涨，成就他"审时"发财的梦想。

两次赌博，两次成功，让他对时局的把控更加重视，所以在以后的经商活动中他才开始有意为之，重视时局变化，收集各地的商业情报，紧盯国家的政策风向标，这一点他确实具有商业家的战略头脑。如开始经营淮盐的时候，他坐镇长沙，总揽全局，为了了解国家形势和市场信息，根据各地不断变化的形势制定自己的经商方略。他每年都会派大批的人员奔赴各地，与当地的坐商行贾保持紧密的合作，提前谋划，与之签订供销合同，诚如有关文献上记载的"任使客舟载车运，分曹四处"。

很多人在论述朱昌琳的成功奥秘时，都能注意到他善于把握时机，紧盯国家政策和洞察各地社会状况，说白了他的审时是建立在庞大的信息收集上，各地商业信息的主要来源就是他在各地建立的分店。朱昌琳还有一点是别人不具备的，那就是他的果断，当机立断，从不拖泥带水。发现商机，立马下手，囤积粮食、购买盐票和茶票，无不如此。一个商人再精明强干，如果在商机面前不敢果断出手，研究观望，就会失去商机，要知道商场如战场，商机稍纵即逝。这一诀窍，朱昌琳是永远不会向他人道的，只有我们回过头来，梳理他成功的经验时，才会发现他的精明之处。

第二节　用人的诀窍

朱昌琳是一个智者，是一个有战略眼光和超前思维的商人，在他的商业帝国刚刚起步时，自家商号的发展最主要的还是靠他个人的能力。这艘商船行驶在商海上，他只是一个指挥者、一个船长，他指明了这艘船要驶向何方，如何航行就不是他的任务了，而是团队的任务。只有每个人恪尽职守，兢兢业业，发挥出每个人的能力，这座商业大厦才能越筑越牢固。

在朱昌琳的团队中，胞弟朱昌藩是他最信任的人，也是为朱家商业出力最多的人。

朱昌藩，族名朱谘桂，是朱昌琳的亲弟弟。在朱昌琳打拼江山的过程中，他出力颇多。朱昌藩和哥哥一样，尽管从小读私塾，一心想在科举道路上有所成就，无奈科举这条道路实在太难，后来他在父亲的舂米坊协助父亲打理生意。当时的舂米坊虽只是长沙城一个小手工作坊，但锻炼了朱昌藩的能力，很快他在会计管理方面的能力便显现了出来。

他自小就有理财能力。早年曾在善化县富室唐家司理账房，后为南昌知府邓仁堃所识，被聘请入幕，"所司会计一以委之"，"从容钩稽，纤悉曲当"，表现出卓越的财务管理方面的能力。1852年，在太平军攻打长沙时，朱昌藩担心父亲和家人的安危，不断去信要求家人到南昌避难。朱昌琳眼见长沙很有可能落入太平军之手，为了家人安全，逃离长沙，护送父亲到弟弟处避难。不久，长沙战事平息，朱昌琳护送父亲回长沙，朱昌藩也辞去幕职，回到长沙，一边帮助兄长打理生意，一边伺候父亲，恪尽孝道。从此朱家的商业打开了新的局面，朱昌琳谋划在前，朱昌藩管理在后。不论是太平街的乾益升粮栈，还是乾顺泰盐庄，抑或是后来的乾益升茶庄，朱氏商业能风生水起，名满两湖，离不开朱昌藩在后面的默默奉献。也正是得益于朱昌藩的精细管理，朱氏产业才蒸蒸日上，朱昌琳才能成为长沙首富。

在这个管理团队中，朱昌琳是舵手、主帅，而朱昌藩是幕后英雄，扮演的是萧何的角色。除此之外，朱昌琳对其他的人才也是网罗于旗下，量能使用，充分信任，给予优厚的待遇，"择人设任，咸有品程"。他知道仅凭自己一个人，即便再有本事，也只是一个长沙市面的小商人，没有一个优秀的团队，没有各个方面的人才，不可能把事业做大。为此他多方留意，只要发现是人才，就高薪聘任，"即百工执役亦罗致之"。王惠泉、李弼臣、刘锡纯等人在管理上颇有才干，都被朱昌琳委以重任。刘锡纯就任乾益升总柜的会计一职，类似于我们现在的总会计师。

朱昌琳还善于从细微处考察每个人的兴趣和特长，据此"委任而责成功"，就是量才任用。为了激发雇员的积极性，他以业绩计酬，即所谓"量材而畀，以事程功而酬其劳"，故人多乐于其用，亦"往往得所任"，与我们现在的绩效考核颇为一致。

对于用人，他自有一番道理，如他的好友广东巡抚郭嵩焘曾向他请教识人之道。朱昌琳回答说："试之疑，以观其能；畀之事，以观其守；渐积而察之，以观其恒，有失焉亦寡矣。"[1]什么意思呢？就是说对于聘任的人，开始以怀疑的心态让其担任某一职务，测试他，看他有没有这方面的能力；然后放手让他做一些事，看他能不能把事情做好；经过长时间的观察，看他有没有恒心和毅力。能做到这些，几乎就可以把一个人看明白了，用人失误是很少发生的。

这就是朱昌琳成功的另一个秘诀。

第三节　信誉为先

朱昌琳深知一个成功的商人绝对不能唯利是图，不能为了利益坑蒙拐骗、巧取豪夺，必须讲究商业规范，讲究"信誉"二字。随着生意越做越大，朱昌琳制定了自家的《盐茶章程》，用制度管理各地的分店和职员，规范运销茶叶和淮盐。

经商多年，他深知"信用"的厉害，便在这部章程中制定了很多经营条款，细致入微且便于操作。

为了确保销售商品的质量，做到童叟无欺，同时树立朱家的品牌，他对商品的质量要求很严。在赚取人生第一桶金的时候，他是通过贱买贵卖

---

[1] 《棠坡朱氏家谱》卷十，郭嵩焘撰《阁学雨田公五十寿序》，民国13年刊。

的方式成为富商,一旦把经营稻米作为经商的主业,他对于粮食的考虑就更加周全,不敢有任何疏忽。

他不轻易从农民手中直接进粮,而是开辟自己的粮食供应基地。为了确保粮食质量,他在湖南长沙、南县、华容和安徽南陵等地购买大量的土地,一年的田租就达二万五千多石。朱昌琳购买这么多土地,雇用当地的农民耕种,农民租朱家的土地,除了缴纳田租和留给自家食用,其他多余的都卖给朱家,不许卖给其他粮贩。

朱昌琳在各地设立囤粮栈房,派专人负责管理,这就从源头上保证了稻米的质量。这种做法颇类似我们现在的一些现代化粮食企业自己租用农民的土地,雇农民耕种,但粮种、施肥、浇水、打药等流程管理都由公司专人负责,所产粮食公司全部收购,就是我们熟悉的"公司+农户"的运作模式。这种运作模式还有一个好处,就是自己能够把控粮食的价格和数量,尽量使自己的粮食销售不受市场的影响。

在荣升南柜总管以后,朱昌琳更是对茶叶的原产地倾注了极大心血,尤其是安化茶叶。为了确保安化黑茶的质量,他曾多次前往安化,深入田间地头,与当地的茶农商定茶叶的种植面积和产量。为了保证有足够的茶叶可卖,他提前预付三成定金给茶农,免除茶农的后顾之忧,当然也是为了垄断市场。

他还派人到各处收购名茶,聘请制茶能人,重新加以配制,提高茶叶品质。安化是湖南黑茶的主产地,也是西北地区茶叶销售的南柜的主产区,朱昌琳在安化设立乾益升茶庄,派人采办茶叶,又在汉口、泾阳、羊楼司、西安、兰州等地设分庄,雇佣人员数千。黑茶被运至陕西泾阳,当地工作人员在泾阳制成茶砖,运销甘肃、青海、新疆各地,甚至远销俄国。

此外,他还在长沙县麻林市、高桥、金井等地辟有大片茶园,生产绿茶、红茶和砖茶,以朱漆木匣盛装,上盖"乾益升"牌号,运销全国各地。"乾益升"品牌是当时著名的茶叶品牌,曾专门为左宗棠、胡雪岩等高官巨富制作特供茶。有了好的品牌，也必然会引起一些不法商人的贪欲，曾有劣商假冒"乾益升"茶牌名，制作赝品，混入市场，后为承销商发觉，前来"乾益升"总店交涉。朱昌琳很是恼火，但为了维护自家品牌，他不惜将全部赝品购回，当众销毁。此举虽然遭受了钱财损失，但为了维护自家品牌，为了取信于顾客，他在所不惜。

"务审时，如治国"，说着容易，做起来实难。朱昌琳做到了，也就奠定了他湖南首富的地位。

第七章　老骥伏枥壮志酬

19世纪60年代至90年代，历经了两次鸦片战争的失败、太平天国运动的打击，清政府内外交困，国家残破，终于使一部分官僚开始认识到西方坚船利炮的威力。为了解除内忧外患，实现富国强兵，他们打着"自强"的旗号引进西方先进生产技术，创办新式军事工业；打着"求富"的旗号，兴办轮船、铁路、电报、采矿、纺织等各种新式民用工业；打着培养新式人才的旗号，创办新式学校，选送留学生出国深造，培养翻译人才、军事人才和科技人才。这样一批人被称为洋务派。清廷皇族代表人物是恭亲王奕䜣和文祥，地方实力派人物有李鸿章、张之洞、曾国藩、左宗棠等湘淮集团领袖。

已经完成资本原始积累、位居湖南首富的朱昌琳，此时已经成为湖南炙手可热的商界人物。他与湘籍洋务派保持密切的关系，自然也感受到了洋务运动的热烈氛围，他的思想开始转变，从传统的商人开始向现代实业家转变。

在进入19世纪90年代后，维新运动兴起，朱昌琳更成为维新派的得力后盾，在湖南长沙，他开始转向新式企业的兴办和经营，完成了人生事业的华丽转身。

第一节　投身维新新政

从19世纪60年代到90年代，在中国近代史上产生重大影响的事件就是洋务运动。这一时期一系列重大事件的发生，彻底改变了清朝的政治命运，"千年未有之大变局"的结果就是号称"泱泱大国"的清朝面临生死存亡的危局。两次鸦片战争的失败，彻底让一向孤傲的清朝变成了一个众多帝国主义国家人人可欺的弱国；持续十几年的太平天国运动，又使得清朝遭受前所未有的打击。

面对这种状况，一批有世界眼光的手握大权的官僚集团开始意识到西方先进技术的重要性，于是在"自强""求富"的口号下，开始了洋务运动。

洋务官僚们为了重振清朝雄威，的确下了一番功夫，他们引进西方先进的生产技术，兴办了一批近代军事工业和民用工业。靠镇压太平军起家的湘军将领很多都成为洋务运动的倡导者、领导者和支持者。

尽管洋务运动风风火火，但在湘军的发迹地——湖南，却很少有洋务活动。不论是近代的军事工业还是民用工业，抑或是新式学堂都不多见。在洋务运动期间，洋务派在东南沿海地区先后创办了近200个军事工业和民用企业，同时政府派遣留学生、翻译西书、创办报馆等，即便是内地省份像湖北、四川等地，也有不俗的成就，但这些在湖南却难觅踪迹。曾国藩、左宗棠等洋务派领袖很少在湖南兴办工业。1875年兴办的湖南机器局，是湖南最早的近代工业，但要比安庆军械所晚了14年，比上海江南制造局晚了10年。在整个洋务运动期间，湖南人整体上还是相对保守。

为什么湖南在洋务运动时期如此沉寂，作为不多？原因很多，比如经济落后、官吏因循守旧，比如一些有作为的湘籍大员多在外省任职，无暇兼顾桑梓，等等。但有一个重要因素，就是湖南乡绅们思想守旧。

能够反映湖南绅士思想守旧的莫过于湘人对郭嵩焘的态度与行为了。

一、湖南人眼中的"卖国者"

郭嵩焘是湖南湘阴人，道光二十七年（1847）在连续参加五次会试后终于考取进士。还未入仕，又逢双亲先后亡故，不得不丁忧在家。

1852年太平军进攻长沙，后北上进攻武昌，咸丰皇帝令丁忧在家的曾国藩兴办团练。面对国家危难和朝廷三番五次征召，曾国藩数辞不允。1853年，郭嵩焘几度登门力劝曾国藩创办团练，保卫家乡。他对曾国藩说："公素具澄清之抱，今不乘时自效，如君王何？且墨绖从戎，古制也。"[1]终于说服曾国藩赴省帮办团练。在曾国藩出山办团练后，郭嵩焘也因此供职幕中，为曾国藩出谋划策、募捐筹饷，成为曾国藩的得力助手。

因镇压太平天国有功，郭嵩焘于1858年被特授翰林院编修，第二年入值南书房，后奉命随僧格林沁办理天津海防，成为僧格林沁的高参。后因意见不合，郭嵩焘遂以病乞回籍休假。

1861年，郭嵩焘再次担任曾国藩幕僚，协助曾国藩征战江南。1862年，郭嵩焘任苏松粮道。1863年，擢两淮盐运使，当年八月署理广东巡抚。1866年，他因官僚倾轧被罢官回乡。回到故里时，他受到湖南各地官绅们的盛情接待。在湖南乡绅的眼里，郭嵩焘是为国家出过大力的人，也是湖南人的骄傲。

不论是在曾幕襄助军务还是在广东任巡抚，郭嵩焘主要是与太平军周旋、筹办水师、筹集军饷以抗击太平军。郭嵩焘在协助曾国藩赴湖南、浙江等处筹饷时，曾途经上海，参观外国人所办图书馆和外国轮船，接触了一些外国人，了解到西方的情况，目睹"夷情"之井然有序，颇"震诧之"[2]，思想受到很大的震动。郭嵩焘在交卸广东巡抚一职后，闲置居家达10年之久。

这赋闲的日子，也是郭嵩焘最惬意的时光，他在长沙读书著述，掌教城南书院，为湖南近代化倾心培养人才。这同时也是他和长沙乡绅广泛交谊的时光，他和朱昌琳的关系非同一般。朱昌琳虽是长沙富人，但与官

---

[1] 郭廷以：《郭嵩焘先生年谱》，台湾"中研院"近代史研究所，1971年，第83页。
[2] 曾国藩：《曾文正公书札》卷六，清光绪二年传忠书局刻本，第21页。

场、文化界交往颇多,他经常邀请郭嵩焘等到自己的恬园和馀园开怀畅饮,谈古论今,听郭嵩焘讲他在上海接触西方的趣闻,对郭嵩焘办理洋务的想法非常赞同。可以说朱昌琳和郭嵩焘是知己,朱昌琳后期的思想转变以及热衷洋务和近代工商业,与郭嵩焘有着密切的关系。

光绪元年(1875),郭嵩焘被清廷起用,负责处理马嘉理事件。

"马嘉理事件"是中国近代中英两国发生的比较重要的一次外交事件。英国为了进一步扩张其势力,从1874年开始就探察从缅甸进入中国云南的道路,为下一步侵略中国做准备。

1874年英国上校柏郎率领一支200人的队伍勘察滇缅通道。光绪元年正月,英国驻华公使职员马嘉理受英国公使威妥玛之命,从北京出发经云南到缅甸与这支勘探队会合。他们未经清政府允许,又未知会当地官员就擅自闯入云南,并扬言要进攻滇西重镇腾冲,遭到当地景颇族百姓的阻挠。马嘉理仗着手中有先进的武器,下令向当地百姓开枪,激起民愤,当地百姓将马嘉理等人打死,并将英国的探路队赶回缅甸。这就是"马嘉理事件"。

英国借此不断向清廷施压,并扬言派军队武装入侵云南。此时的清朝处于多事之秋,西北左宗棠正在用兵收复新疆,如果此时英国和俄国联手,一个在西北,一个在西南,清朝将两面受困。无奈之下,清廷只得同意与英国议和,并签订了《烟台条约》,其中有一条就是向英国赔款、道歉,而且还必须派人到英国向英国女王当面道歉。

1875年,郭嵩焘奉命到英国负责处理"马嘉理事件",其实就是代表清政府向英国女王道歉,旋即被任命为清政府驻英国公使,兼任出使法国大臣。他是晚清第一位驻外公使,开创了中国外交史上的新篇章。就是这一任职,引起了朝廷内外以及湖南乡绅的强烈不满。

在郭嵩焘之前,中国尚无派遣驻外使节的先例,只有外国派驻中国的使节,面对这一新事物,朝内大臣无论如何也接受不了,"皆视此为大辱"。一些朋友、同僚也纷纷规劝他推卸此职。但郭嵩焘却不这么认为，在他看来，"西洋之通使，专为修好，处理寻常交涉事件"。再说自己此次出使英国，完全是为朝廷分忧解难，怎么能为了一己之利而推卸呢？并说："数万里程途，避而不任，更有艰巨，谁与任之？"①他不顾众人的劝阻，毅然接受了出使的任命。

堂堂天朝上国的大臣到一向被自己鄙视的"夷人"国家做使臣，还向"夷人"之君磕头道歉，这种行为在一些人看来有辱国格，万万不可。郭嵩焘那些不同凡响的言论和忍辱负重的行动，引起了舆论轩然大波。一些人甚至惋惜："郭侍郎文章学问，世之凤麟，此次出山，真为可惜！行百里者半九十，不能不为之叹息也。"②更多的是讥讽、嘲笑，尤其是在京、在湘的绅士更是愤慨和不满，更甚者一些守旧的湖南人"耻与为伍"。

郭嵩焘顶着压力出使英国。在出使期间，他游历英、法等国，经常参观考察欧洲国家的议院、工厂、学校、博物馆等，接待、访问学者和各界名流。他通过对西方政教、风俗、学术、商情的考察，不断将自己对改革中国落后现状的见解发回中国。他提醒李鸿章要注意学习西方教育、冶矿、铁路、电报等创制；奏请朝廷严禁鸦片；呈请朝廷纂辑通商则例，以免在中外交涉事务中无例可依而吃亏；请求朝廷派人参加万国刑法公会，参与国际事务；等等。

在出使西方期间，郭嵩焘可谓兢兢业业。作为清朝走出去的第一位公使，在与西方交涉时，他循国际公例，据理力争，尽可能捍卫国家主权，维护民族利益和尊严，西方一些报纸称赞他为"国使"。就是这样一个外交官，在国内却遭到各种讥讽，国内一些守旧者对他大肆嘲讽，甚者有人还特地编写对联加以讽刺：

---

① 郭嵩焘：《玉池老人自叙》，光绪十九年养知书屋刻本。
② 李慈铭：《越缦堂日记·桃花圣解庵日记》，商务印书馆，1936年。

> 出乎其类,拔乎其萃,不容于尧舜之世;
> 未能事人,焉能事鬼,何必去父母之邦![1]

光绪五年(1879)正月,年逾花甲的郭嵩焘满怀忧愤之情,卸任离开英国返回。当抵达上海后,还未来得及上京复命,他就托病请假径回湖南老家。五月六日"乘轮抵长沙",然而,他怎么也想不到一踏上湖南的地界就遭到令人难堪的待遇。有文献记载,他"乘小轮返湘,湘人见而大哗,谓郭沾染洋人习气,大集明伦堂,声罪致讨,并焚其轮"[2]。湖南乡绅是否聚众焚烧他的轮船,不得而知,但湘中官绅对他的冷遇和难堪却是事实。这让郭嵩焘非常抑郁,他到家后谢绝一切应酬,甚至在归乡伊始"故人相过从,亦辞不见"。此后他退出官场,专意从事讲学和著述活动,与黄卷青灯相伴,在孤独抑郁和疾病折磨中度过了自己的晚年。

虽然从英国回国的郭嵩焘遭到湖南守旧乡绅的冷落,但也不是所有的乡绅都嫌弃他、冷落他,朱昌琳就是一个不怕众人嘲讽的人,也是郭嵩焘笔下的"故人"。在郭嵩焘回到长沙后不久,他就登门拜访,与郭嵩焘把酒言欢,席间也听了不少海外见闻。朱昌琳与郭嵩焘在社会风俗与国家发展等事情上,多有相投之处,如郭提倡在湖南设立禁烟公社,以期从自身及周围亲友做起,以致对国家有所裨益,朱昌琳便甚为赞同。

1880年,他与朱昌琳等人议设禁烟公约,每年会集四次,并认为当稍储公费。"黄子寿固持异论。于是定吾与宇恬、力臣、子寿各醵钱三十缗为之基,交由宇恬经理。"[3]他刊刻《禁烟公社条规》广为散发,指出"自鸦片烟流毒中国以来,人心风俗,日益败坏,不复可问",申明禁烟公会的宗旨,"重在人心风俗",[4]朱昌琳等人积极响应,广为宣传。

---

[1] 王闿运:《湘绮楼日记》,岳麓书社,1997年。
[2] 裘毓麐:《清代轶闻》,中华书局,1989年。
[3] 郭嵩焘:《郭嵩焘日记》卷三,湖南人民出版社,1981年。
[4] 郭嵩焘:《郭嵩焘日记》卷四,湖南人民出版社,1981年。

二、焚烧电线杆

体现晚清湖南人守旧排斥洋务的还有对电线杆的焚毁。

1890年,湖南得到朝廷批准开始架设电线杆,按照预案,架设电线从湖北进入湖南,湖南澧州为入境首站。

1891年,当盛宣怀派人架设电线到澧州时,时值长江中下游发生教案,百姓仇洋反教情绪高涨,有人传言:"如设电线以后,幼孩、牲畜损坏线杆者皆须处死,民间受累无穷。"[①]受此蛊惑,当地乡绅们准备焚烧电线杆,他们事先制备旗帜,旗上大书"痛逐洋人,禁止洋线"字样。然后举旗聚众,百姓蜂拥行动。愤怒的人群竟将马家河、青泥潭、孟溪寺等处电线杆、工地的铁钩、瓷碗等物料一并打砸焚毁,反对焚烧电线杆的绅士王坦斋还被烧伤。除了澧州,省城长沙也发生毁坏电线杆事件,而且为首的还是长沙岳麓书院的学生。

从对待郭嵩焘出使英国到湖南民众焚毁电线杆,这些事情反映出晚清时期湖南的守旧势力是如何强大,他们对新事物的接受远远低于江浙,甚至比湖北也要逊色得多,洋务运动及维新运动在湖南的开展异常艰难。尽管大环境不是太好,但仍有一批湖南乡绅在观察着时局变化,希望在新的变化到来之际,能有所发展,这批乡绅中就有大富商朱昌琳。

第二节　浩园聚会建思贤

原思贤讲舍最早创建于同治十二年(1873)。

同治十一年三月初四(1872年3月12日),晚清重臣曾国藩病逝于江宁两江总督任所。为了褒奖这位"中兴名臣",同治皇帝发布谕旨,令将曾国藩"加恩予谥'文正',入祀京师昭忠祠、贤良祠,并于湖南原籍、江

---

① 吴剑杰:《张之洞年谱长编》,上海交通大学出版社,2009年。

宁省城建立专祠,其生平政迹事实宣付史馆。任内一切处分,悉予开复。应得恤典该衙门察例具奏。灵柩回籍时,着沿途地方官妥为照料"[①]。

湖南是曾国藩的老家,自然接到上谕,湖南地方官绅即着手筹建曾国藩祠。在长沙筹建曾国藩祠初期,郭嵩焘等人就想在祠内附设思贤讲舍。所谓"思贤",即纪念湖湘先贤屈原、周敦颐、王夫之、曾国藩等人。郭嵩焘用此四人来概括湖湘精神,倒是十分准确。当年,郭嵩焘从广东巡抚任上开缺回籍,任城南书院山长,不久,曾文正公祠落成,郭嵩焘假曾祠西隅开讲舍,便要取名"思贤"。

曾国藩祠建成,思贤讲舍却未能开办,郭嵩焘赴京办理洋务、出使英法等,使讲舍长期停滞。

光绪五年春,饱受非议的郭嵩焘辞去驻英公使一职,以病辞归,回到长沙。郭嵩焘在英法数载,对西方的先进科学技术极为推崇,力倡洋务,回到长沙后不久,他便不时和一些老朋友交谈,介绍英法等国的情况。

这年春,郭嵩焘与湖南名士刘坤一、彭玉麟、朱昌琳、李元度、李仲云等人在长沙城名流雅集之所浩园(曾国藩祠)雅聚。在酒足饭饱之后,每人作画一幅,刊于祠壁,以志湖湘韵事。

回到长沙后,郭嵩焘一直有一个心愿,就是想物色一个地方建一所书院,以"讲求征实致用之学",其实就是洋务之学。郭嵩焘相信洋务思想是正确的,办洋务能够使得中国"求强""求富",所以他决定在长沙办一个学堂,以传播自己的思想。

在长沙办一个学堂,地址是很重要的,而当时曾国藩祠就是一个非常好的地方。浩园就在曾国藩祠内,地方大,幽静,非常适合办学堂。但建学校需要一笔经费,郭嵩焘虽然官宦出身,但自掏腰包办学堂,的确不太现实。

[①] 《曾文正公全集》卷首《上谕一》,中国书店出版社,2011年。

在这次聚会的友朋中,刘坤一、彭玉麟、李元度等都是湘军将领或者当时的士绅,都没有经济实力支持郭嵩焘办学,唯一一个有经济实力的就是朱昌琳。此时的朱昌琳已经是湖南首富,出资帮助郭嵩焘实现建学堂的愿望一点问题也没有,加之平时他就非常敬佩郭嵩焘的为人,对郭嵩焘的洋务思想也是打心底里佩服。在与郭嵩焘的频繁交往中,他也觉得要想改变中国落后的局面,唯有学习西方,大兴洋务。当郭嵩焘将自己的想法提出来后,朱昌琳挺身而出,慷慨应允筹款帮助郭嵩焘建这个学堂。郭嵩焘仍给这新学堂取名"思贤讲舍",并在舍内设立船山祠,祭祀明末清初著名思想家王船山。

1881年,思贤讲舍正式开馆,总共有斋房20间。郭嵩焘亲自担任主讲,讲舍内安置有王船山的牌位,定期祭拜,这是湖南省祭祀船山之始。讲舍开馆时收有学生15人,后来陆续增至20余人。讲舍的学生,待遇还真不错,每月由校方供给生活费,名曰"膏火"。秀才或其他文士来听讲课,均免费入学。

思贤讲舍除了强调伦理道德教育,特别注重实学。其他书院讲时文试

浩园

帖,思贤讲舍除了讲授经史,还讲授算学制造。这在当时,也算一种相当激进的做法。

郭嵩焘之所以能办起思贤讲舍,在湖南倡导洋务新风,最大的贡献者自然是朱昌琳,没有朱昌琳的慷慨解囊,郭嵩焘的一切谋划不可能实现。

从上述事件来看,在洋务运动时期,尽管也出现了像郭嵩焘、皮锡瑞、蒋德钧等思想比较开明、具有世界眼光的士绅,但就整个湖南来说,思想还是相对保守,近代化工业和商业在湖南举步维艰。

第三节 觉醒的士绅

真正让湖南人觉醒的是19世纪末的中日甲午战争以及此后兴起的维新运动,一夜之间,湖南人好像彻底觉醒,站在时代前列,而导火索就是中日甲午战争。

在近代历史上,值得湖南人骄傲和自豪的无疑是湘军集团的崛起。可以说在清朝面临最严重的危机时,以曾国藩为首的湖南人勇敢地站了出来,在三湘大地上振臂一呼,组织起了几十万人的湘军,承担起平乱定国的重任。在太平天国运动被平息之后,成千上万的湘军将士凭借战功而成为新贵,即便复员归乡的湘军中下层也获得各种殊荣。湘军的骁勇善战似乎成为清朝军队的象征,在国家面临危难之际,自然人们也把希望寄托在湘军身上。

1894年中日甲午战争爆发,战争初期对日作战的主力是李鸿章的淮军,很快清一色德国装备的北洋水师全军覆没,而在朝鲜战场,以淮军为主力的清军也节节败退,战火燃到了国内,胶东半岛、辽东半岛成为中日决战的主要战场。淮军一败涂地,八旗军更是不堪一击,清廷不得不启用湘军。1895年1月,湘军名将、两江总督兼南洋通商大臣刘坤一受命为钦差大臣,督办东征军务,率6万湘军开赴辽东,驻扎在山海关内外。这是中日开战以来清朝最大规模的一次出兵。

刘坤一是继曾国藩、左宗棠等湘军元老之后的重要统帅，号称"砥柱东南"。但是曾经骁勇善战的湘军也抵挡不住日寇的铁蹄，在山海关外的牛庄、营口、田庄台等地与日军交战，均遭败绩。吴大澂率领3万湘军出关收复海城，同样也遭兵败。湘军精锐几乎消亡殆尽。

中日甲午战争的惨败，导致清政府与日本签订了丧权辱国的《马关条约》。从历史大场景来看，《马关条约》不过是晚清不平等条约之一，但对中国社会的影响却远超其他条约，尤其对中国人的心理影响巨大。为何？输给西方列强，是技不如人，器不如人，但输给东邻日本，确是很多中国人无法承受和认可的——连一向被我们轻视的倭寇都能打败中国，中国真到了亡国灭种的地步。于是人们不得不思考新的救国救民之路，维新运动在全国开始兴起。

1895年4月，《马关条约》签订的消息传到北京，以康有为、梁启超为首的维新派组织1300多名在京应试的举人联名上书光绪皇帝，痛陈民族危亡的严峻形势，提出拒和、迁都、练兵、变法的主张，史称"公车上书"。但上书因顽固派的阻挠而失败。"公车上书"虽然失败了，但维新派并不气馁，积极进行宣传和组织活动、著书立说、介绍外国变法经验教训，在各地创办了许多报刊、学会、学堂，为变法制造舆论，培养人才。维新变法运动逐渐在全国兴起。

甲午战败对湖南人刺痛极深，湘军惨败，致使全国上下大失所望，更使一向自负的湖南士绅莫名震惊。湖南人一向自诩的"语战绩则曰湘军，语忠义则曰湘人"[①]的虚骄之气遭到沉重打击，湖南士绅油然而生出一种沉重的负罪感，一种前所未有的失落感。甚至有人说："甲午的败仗，实

---

① 《唐才常集》，中华书局，1982年。

是我们湖南人害国家的。"①当然他们更希望在新旧交替的历史时刻,做出一番业绩,重获世人敬仰。所以当维新运动兴起后,湖南人很快就站在时代前列,湖南成为维新运动的重镇。他们满怀激情地奔走呐喊,号召群起救亡。他们强调变法是救亡图存的唯一途径,要求维新变化,甚至喊出"救中国从湖南始",坚信"吾湘变,则中国变;吾湘存,则中国存"。②很快,"以守旧闭化名天下"的湖南,形成了"人思自奋、家议维新"的局面。

---

① 《工程致富演义》,《湘报》第94号。
② 《湖南时务学堂缘起》,《知新报》光绪二十三年九月初一。

第八章 实业兴湘担重任

维新新风吹起时,湖南一马当先,从此湖南在近现代中国历史上扮演了"天下先"的角色。

经过洋务运动的洗礼,朱昌琳的思想不同于守旧的士绅,他积极投身洋务,并率先垂范,力倡变法。当维新运动在湖南兴起时,朱昌琳不顾年迈体衰,以七旬老人的瘦弱身体挺立潮头,在实业兴湘上贡献出自己的力量。

第一节 为新政再立潮头

光绪二十一年(1895),陈宝箴升任湖南巡抚,从此揭开了湖南维新运动的序幕。

湖南的维新运动之所以能成为全国维新运动的中心,首先得力于地方当政者的鼎力支持。湖南巡抚陈宝箴在初入湖南时,就力主新政,他曾有一段话精辟概括了湖南成为全国维新运动中心的原因。他说:

> 湖南地居上游,人文极盛,海疆互市,内地之讲求西学者,湘人士实导其先。曾文正督两江,创议资遣学生出洋;左文襄建福建船厂,招子弟习西国语言文字及新奇工艺以时出洋,宏识远谟,早收明效。曾惠敏崛然继起,遂能力争俄廷,不辱君命;而魏默深《海国图志》之书,郭侍郎使西以还之著作,皆能洞见隐微,先事而发,

创开风气，尤为海内所推。①

其次是得到地方士绅的支持。在湖南第一阶段举办的新政，如机器制造公司、矿务局、电报局、火柴厂、铸钱局、工商局、蚕桑局、水利公司等，几乎无一不是在官绅及维新派联手协作下成就的。

再次是以谭嗣同、唐才常、樊锥、易鼐、杨毓麟等人为代表的激进维新派参与筹办各项新政，如时务学堂、《湘报》、《湘学报》、南学会等，也都是在省级大员的支持下开办的。这些激进派虽然在资历上不如士绅深，在声望上不如士绅高，但他们是将湖南维新运动推向高潮的中坚力量。

正是在湖南维新运动如火如荼之际，作为湖南富商、地方知名士绅的朱昌琳再一次凭借他的精明头脑，积极投身湖南新政中，并成为湖南巡抚陈宝箴推行新政的经济支柱。

朱昌琳积极投身湖南维新新政，也是基于外患的刺激和崇尚实学、讲求经世致用文化传统的影响。甲午惨败，唤起了他内心的民族大义，他也希望国家强盛，不受外侮。陈宝箴任湖南巡抚后提出开利源、求富强的新思想很合他的胃口，因此他和其他士绅全力支持陈宝箴的新政。

陈宝箴在湖南推行新政，遇到的第一件事就是缺钱。谁手里有钱呢？自然是湖南那些富商，陈宝箴最想得到的就是朱昌琳的支持。

光绪二十二年（1896）正月初一，湖南巡抚陈宝箴备驾轻车前往朱家花园拜访朱昌琳，虽说朱昌琳和陈宝箴早就熟悉，但多数情况下都是朱昌琳拜访陈宝箴，或者和湖南乡绅一起宴请陈宝箴，而陈宝箴作为一省之巡抚亲自登门拜访一个富商，是不多见的。

陈宝箴的坐轿来到朱府，早就有人通报朱昌琳，此时的朱昌琳尽管已是74岁高龄的老人，他闻听巡抚亲自拜访，仍修整衣服，亲自到大门迎接。在一番寒暄后，宾主在客房就座。陈宝箴也不客气，就向朱昌琳和

---

① 陈宝箴：《拓考新设时务学堂学生示》，《时务报》第43册。

盘托出了自己的计划,就是在湖南全面推行维新新政,"以所患苦者语之"。陈宝箴的"苦"是什么?自然是钱。

陈宝箴就任湖南巡抚后,以"变法开新"为己任,推行新政。他以开风气、革弊政、图富强作为自己施政的主要目标,而要实现这些目标,首先就要兴办实业,通过振兴实业达到兴湘目的。

兴办实业,自然必须有雄厚的资本为支撑。没有经济基础谈何改革?为了筹措新政经费,他必须依靠湖南本土的开明士绅,尤其是那些富商巨贾。

在这次登门拜访中,陈宝箴也毫不掩饰自己的想法,就是希望朱昌琳能站出来,勇挑重担,"以维钱法、荒政之穷"。贵为巡抚的陈宝箴如此重视自己,真让年逾古稀的朱昌琳深受感动,听了陈宝箴的宏伟计划后,朱昌琳"始闻而愕然,已而矍然,久之乃慨然请从事"。

我们从朱昌琳在聆听了巡抚大人的一番豪气冲天的新政计划的表现中,可以看出朱昌琳的内心变化。听了陈宝箴的新政计划后,朱昌琳最初是"愕然",惊呆了;紧接着是"矍然",发自内心的惊喜;后来就是"慨然请从"。他思考一会儿后,爽快答应出山为巡抚的维新改革出力。

此时的朱昌琳已逾古稀之年,自己家族商业已是风生水起,稳稳坐住了湖南首富的位置,粮商、盐商、茶商足以让朱家这支商业舰队乘风破浪。但甲午战败的刺激和挽救民族危亡的责任,让他在70多岁之后重新开始,实业救国、开辟新式工业成了他的人生方向。他凭着多年打下的雄厚的经济实力与社会信誉,积极支持并参与湖南的维新变法运动,为湖南的近代化做出了重要的贡献。

第二节 创办新式企业

陈宝箴抚湘以后,在推行的一系列新政中,首推兴办近代实业。

《马关条约》中有一条是关于战争赔款的，即清政府需要赔偿日本军费二万万两。战争赔款使得清政府本来就非常拮据的财政雪上加霜，于是，清政府于1895年7月发布上谕：

> 叠据中外臣工条陈时务，详加披览，采择施行。如修铁路、铸钞币、造机器、开各矿、折南漕、减兵额、创邮政、练陆军、整海军、立学堂，大约以筹饷、练兵为急务，以恤商、惠工为本源，此应及时举办。①

可以看出，清政府为了广开财源，解决财政困难，允许在诸多方面兴办实业。

1895年陈宝箴刚刚升任湖南巡抚，他决定首先从矿业、交通、制造等领域着手兴办近代工业。

一、湖南矿务总局的靠山

陈宝箴就任湖南巡抚后，在工矿业发展中的第一项措施就是奏请开设湖南矿务总局。

陈宝箴在给光绪皇帝的奏折中称："湖南山多地少，物产不丰，而山势重叠奥衍，多砂石之质类，不宜于树艺，惟五金之矿，多出其中。煤铁所在多有，小民之无田可耕者，每赖以此为生。"②故请"选择铜、煤、铅、磺等矿较有把握之处，试行开采"。

1896年4月24日，清政府批准了陈宝箴设立湖南矿务总局的奏请，随即该局正式成立。清廷批准了陈宝箴拟奏的《湖南矿务简明章程》，对办矿的方法、经费、股份、矿质等问题做了若干具体规定。该章程共分5部分，总局章程11条、官办章程8条、官商合办章程14条、官督商办章程7条、商

---

① 朱寿朋：《光绪朝东华录》，商务印书馆，1958年。
② 《开办湘省矿务疏》，《陈宝箴集》（上），中华书局，2003年。

民已开各矿分别办理章程4条。

湖南矿务总局成立后，随后开始了大张旗鼓地招股建矿工作。按照陈宝箴的想法，湖南矿务总局原本打算官商合办，但在执行过程中，出现了意想不到的困难，虽然面向社会广泛招股，但因为风气未开，时人并不了解开矿的重要性，对入股开矿始终保持一定的戒心。

办矿需要很大的一笔经费，但民间积极性不高，招商入股也收效甚微。无奈之下，陈宝箴只好改官商合办为官办。官办同样需要钱，而陈宝箴手中掌握的资金有限，根本不足以开办矿产。怎么办？陈宝箴只好向长沙各大钱庄借钱。但是长沙各大有实力的钱庄，对矿务总局的前景摸不准，都犹豫不决，不肯轻易借钱，而能够支持陈宝箴的，只有阜南官钱局一家。彼时阜南官钱局刚刚成立，董总是陈宝箴三顾茅庐而请出的朱昌琳，阜南官钱局也没有多少资金可以支持陈宝箴。

为了答谢陈宝箴的知遇之恩，也为了湖南的维新运动，朱昌琳从自己开办的乾益升钱庄拿出一万两白银以阜南官钱局的名义借贷给湖南矿务总局，作为矿务总局的开办费用。有了这一笔开办经费，陈宝箴有了底气，之后又向厘金局、善后局、房捐局等局借贷，这才把湖南矿务总局开办起来。

湖南矿务总局开办起来后，陈宝箴本打算请朱昌琳出山负总责，但朱昌琳以年事已高为由，力荐其他有能力的人担任总局要职。这样陈宝箴委派候补道刘镇为总办，朱昌琳的次子朱访彝为会办。朱昌琳虽然没有直接经手湖南矿务总局的经营和运作，但他提供大笔资金支持和委派自己的儿子参与矿务总局的经营和管理，也是以实际行动支持了陈宝箴的维新实业。

朱访彝身为会办，对公司发展规划和具体运作负有较大的责任，和其他人员一起，会同地方官维持全省矿务，如矿务总局在湘阴设立转运局，凡官办、官收的各种矿砂需要外运销售的，概交转运局收存，由总局统一销售，对私人运销矿砂则一律严禁。因此，湖南矿务总局成立后，所起的作用是将湖南一省的矿务统辖起来了。

或许是受父亲的影响，或许是天生就有经商的资质，朱昌琳的这几个儿子在经商管理方面颇有天赋。也许是看到了儿子身上特有的管理之才，在湖南矿务总局成立后，朱昌琳以年事已高婉言拒绝出山，同时向陈宝箴推荐了自己的儿子朱访彝。朱访彝的确有经营管理之才，他在担任湖南矿务总局会办期间，主要管理经营中的收支往来，负责向厘金局、善后局等各局借款事项。在任会办期间，朱访彝不辞辛劳，奔波于全省各地矿山，不避寒暑，积劳成疾，为湖南的实业振兴献出了生命。

二、开办阜南官钱局

同治年间，朱昌琳在经营盐茶生意时，也曾经办起钱庄，发行庄票，在行业内颇有信誉。陈宝箴在主政湖南、推行新法时，最主要的一项业绩就是设立官钱局、铸钱局和铸银圆局，并三顾茅庐请朱昌琳出任新开设的阜南官钱局总办。这是朱昌琳在经营粮食、食盐、茶叶三大宗生意的同时涉足金融业，为朱家商业帝国的繁荣开辟的新的路径，也是朱昌琳在维新时期的一个值得大书特书的功绩。这表明朱昌琳已经从传统的商业向近代商业迈进。

陈宝箴为何在主政湖南伊始就把改革的靶心指向金融业？我们不妨在此费点笔墨，了解一下当时湖南金融业的困局。

清代市场上流通的货币主要有银两和制钱两种，其中制钱关乎民生，影响巨大。百姓在市场上买卖商品，主要使用的是制钱，因此制钱的需求量很大。在阜南官钱局成立之前，湖南长沙经营制钱的主要是宝南局，用湖南本省郴州、桂州所产的铜铅，鼓铸制钱，可以用制钱兑换银两，以此平抑市场。道光十八年（1838），由于银贵钱贱，制钱贬值，人们不太愿意使用制钱，宝南局不得不停止铸钱，因此制钱在市场上越来越少。官钱退出市场，但民间又不得不进行贸易和交易，于是私钱趁势崛起，有文献记载："市贾奸胥，出则勒杂私毛，入则多方挑剔，小民辗转受困，因以票钱为便，渐推渐广。奸黠之徒视为利薮，出空票以饵实银，诈骗潜逃，城乡受害之家，不可殚述。"①

到了光绪前期，官铸制钱渐渐短缺，市面大多以私钱周转，造成物价腾贵，商界、百姓窘困。一些不法钱庄老板，趁机滥发钱票，空手套白狼，一年中卷银倒闭逃跑的就有30多家，致使许多人家破人亡，为害无穷。随着官铸铜钱绝迹，私人铸的烂铜钱越来越多，一些奸商出钱时夹杂一些烂铜钱，收钱时却百般挑剔，倒霉的只能是一些小老百姓。有些钱庄看有利可图，就开始自行发行纸钞，这样可以在市场上自由兑换使用，方便百姓。一些奸商见有利可图，有的专以盘钱为业，买空卖空，手中既无现钱又无票据；有的专门收购钱庄的钱票，汇集多张以后，就让一些无赖到钱庄提现，百般挑剔，为的是得到钱庄的补偿……金融市场的混乱，严重影响了社会秩序。如果想让各行各业正常运转，必须整顿金融秩序。

光绪二十一年（1895），陈宝箴转任湖南巡抚，迎接陈宝箴的竟然是一场旱灾，当年夏季湖南遭受旱灾，秋冬之际又遭受雨雪冰冻，灾情非常严重。旱情招致谷物歉收，粮价腾贵，百姓为了生存，不得已变卖所有家产到外省、外地购买粮食，而购买粮食需要现钱，钱庄的钱票无法使用，百姓手中又没有白银。平时市场上流通的铜钱，湖南已经将近六十年没有铸造，即便百姓换得一些制钱，又因为制钱伪劣甚多，无法流通，给百姓带来了极大不便，金融改革势在必行。

长沙市面缺少大量的制钱，陈宝箴在经过一番调研之后，委托湖北银圆局附铸数万枚大小银圆运到长沙以解湖南制钱不足。陈宝箴万万没有想到，自己的一番好意，湖南人却不领情，尤其是这些银圆和湖南钱庄发

---

① 胡遹：《湖南之金融》，湖南经济调查所，1934年。

行的钱票发生冲突,遭到钱庄的抵制和阻挠,这些银圆未能在市面上流通。

这种窘迫,陈宝箴在光绪二十二年二月二十三日的奏折中讲得非常明白。在奏折中,陈宝箴说:臣让湖北银圆局代铸数万枚银圆运抵长沙后,各大小钱庄将这些银圆兑换回去,第二日,我派人拿着白银和制钱到这些钱庄去兑换从湖北运回的银圆,跑了十几家,都说没有领到从湖北运来的银圆,还在市面上散布谣言,说什么"银圆不能流通,下次再也不领了"等。

阜南官钱局铸造的银饼

对于这种状况,陈宝箴和湖南各司道官员、湖南士绅商量,认为要打破这种困局,必须恢复官钱局,重新开炉铸钱,当大量官铸铜圆在市场上流通时,就可以弥补小额货币流通的不足。当然,陈宝箴力主重新开设官钱局,还有一个目的,就是为他的维新举措筹措款项。

光绪二十二年正月初一,巡抚陈宝箴以新年庆贺的机会,专门到长沙首富朱昌琳府上拜会。

宾主寒暄之后,陈宝箴马上切入主题。把自己上任几个月来所见所闻和盘托出,他对市场上流通的钱票和伪劣铜钱非常不满,尤其对从湖北铸钱局运来的数万枚银圆在市场上被拒绝的情况非常痛心。在经过一番考察后,他觉得湖南应该恢复官钱局,开炉铸钱,这样既可以稳定市场,又可以解决开矿所要面对的财政问题和社会上一系列民生问题。朱昌琳深以为然。

陈宝箴直接提出想请朱昌琳和他的儿子出面,担任即将成立的阜南官钱局要职。朱昌琳一听,马上拒绝。他说:"我要是出来担任官钱局要职,就是替公家办事,替公家办事就必然要秉公办事,社会上人多嘴杂,不可能让人人满意。如果得罪了某些人，或者损害了某些人的利益，一定会招致他人的诽谤，流言蜚语四起，既不利于巡抚大人的事业，也有损我一辈子的声誉，万万不可。"

其实陈宝箴到长沙后，很多人就不时在他面前赞誉朱昌琳，说这位湖南首富产业庞大、殷实富有，为人诚实有信、信誉极佳，而且精通经营、善于管理，如果能让朱昌琳出面主持官钱局的工作，无疑会让湖南的金融业如虎添翼，他在湖南的维新改革也会顺利得多。本来陈宝箴是抱着极大的热情和满怀信心去请朱昌琳出山的，想不到朱昌琳一口回绝。这该如何是好？陈宝箴了解到此时的朱昌琳早已把粮食、茶叶、食盐三大宗商业交给孩子们打理，自己则"谢绝世事"，闲暇时与一帮长沙老友喝酒品茶聊天。最重要的是他开始把主要精力转向慈善事业，以自己的号召力和感召力，为生活在贫困线上的百姓尽心尽力。陈宝箴没有气馁，决定再次婉言劝说朱昌琳。

他说："君子之道，惟在克己问心，人不知而不愠，斯为君子；若问心无歉，而尚存计较毁誉之见，即遇事不无瞻顾，终身不出乡愿窠臼。"[1]陈宝箴说得再明白不过，他是在劝朱昌琳，作为一个正人君子，只有克制自己的私欲，问心无愧，别人不了解自己也不生气，这才是君子的品格；如果自己内心还有一些想法，做事之前计较自己的声誉，遇事瞻前顾后，自己的眼界就会受到极大的限制，一辈子也跳不出一个乡间小农的藩篱，如何能成就更大的事业？

听了陈宝箴的一席话，朱昌琳沉默了。是坚守自己的商业帝国，继续传统的商业贸易，还是与时俱进，在维新变法中开辟出一条新的商业通途？朱昌琳陷入了沉思，他对陈宝箴的宏伟计划感到震惊，想不到陈宝箴为了振兴湖南经济，竟然有如此大的抱负和计划。陈宝箴请他出山主持官

---

[1] 《陈宝箴集》（上），中华书局，2003年。

钱局，他又有点害怕，经营金融可不是那么简单的事情，和传统的商业贸易有天壤之别，弄不好会身败名裂，所以之前他婉言谢绝了陈宝箴的邀请。但在陈宝箴进一步分析是做一个君子还是小商人的境界和格局后，朱昌琳心动了，他答应出山主持阜南官钱局的工作。

在成功劝说朱昌琳出面主持官钱局工作后，陈宝箴针对湖南金融业存在的问题，向光绪皇帝提出开办阜南官钱局的奏折。

陈宝箴在向光绪皇帝的上疏中认为，鉴于目前湖南金融秩序的混乱，建议朝廷批准由长沙过去的宝南局重新鼓铸制钱。在宝南局重新鼓铸制钱时，绝不能按照原来的章程，尤其是请谁来主持铸钱一事，不能像过去那样由"习气素恶"的现任官吏主持，否则还会像过去那样亏损严重，无法弥补。他建议除铸钱原材料取之本地外，铸钱的总管向社会上公开招募，聘请家庭经济状况殷实富有的绅士来主持，这个绅士要清正廉洁、善于经营管理。宝南局各种人选，由此人负责招募，各级官吏衙役不能干预其事。除宝南局重新开铸制钱外，成立阜南官钱局，负责印制发行"钱票"，在市面上流通宝南局新铸制钱。

在朝廷批准陈宝箴的奏折后，陈宝箴就任命朱昌琳为新成立的阜南官钱局总办，同时下令宝南局鼓铸制钱一事，一并由朱昌琳负责。

光绪二十二年（1896）二月十六日，阜南官钱局在长沙红牌楼（今长沙黄兴路商业街坡子街口）正式开张营业。朱昌琳任阜南官钱局总办，他委任自己的侄子、善于管理的朱卓钦主管官钱局业务，同时任用自己的三子朱恩绂（即朱访德，字恩绂）为宝南局主管，负责铸造制钱一事。[①]这样不论是铸造制钱的宝南局，还是发行制钱的阜南官钱局都掌握在朱昌

---

① 关于阜南官钱局主办，有材料认为是其三子朱恩绂，有材料认为是其侄子朱卓钦。从当时陈宝箴奏疏中所言，宝南局、阜南官钱局一个铸钱、一个发行，朱昌琳此时年事已高，不可能做具体的事情，故而认为主持宝南局为其三子朱访德，协助朱昌琳管理阜南官钱局的为其侄儿朱卓钦。

琳父子手中。

朱昌琳上任后，根据当时金融市场存在的问题，采取了一系列措施。首先对重新开铸铜圆和银圆的宝南局所铸制钱进行改革。朱昌琳认为，开铸铜圆的目的是流通便民，铜圆本身的价值不能超过流通价值，如果超过流通价值，那么一些不法商人就会毁坏铜圆，直接卖掉变现。因此其子朱恩绂在主持宝南局时，决定将所铸铜圆定为每枚八分八厘，这个分量比私钱重但更精细，又没有超过本身价值，不易被一些商人盗铸。

其次对新成立的阜南官钱局的经营立下章程，严格管理。如将各卡应收缴的厘金钱文，送到官店存储备用；官钱局一概不和官绅往来；不许挪借官钱局资金；每天贴出告示公布银钱的行情；铜圆、银圆不许私自开铸、倾销，如有损毁，照例惩办；店铺每月结账，具报官府有关部门；等等。

为了流通方便，朱昌琳还从日本购买制作钱票的专门纸张，制作阜南钱票。其时发行有一两、十两、一百两的市票和千两、万两的巨额庄票，并铸造有"朱乾升号省平足纹一两"的圆形银饼，流行市面。

阜南官钱局发行的银圆

在朱昌琳主持下，湖南官钱局共发行制钱票10万余串、银两票七八万两。由于朱家资产雄厚、信誉良好，官票得以流行，混乱一时的金融市场很快稳定下来，"钱价较他处皆多减轻，民咸便之"。朱昌琳通过阜南官钱局，又进一步涉足金融业，在金融业获得了极大的信誉。阜南官钱局实际是传统的钱庄向新式银行的过渡。

然而，诚如朱昌琳当初担心的那样，阜南官钱局的经营影响了一些不法和不良钱庄的生意，为了扳倒朱昌琳，他们不惜采用卑劣的手段造谣中伤，各种诋毁朱昌琳父子的诬告信满天飞，有的直接投递给朱昌琳父子，有的则投寄给湘籍京官或在外省为官的湖南人。朱昌琳在官场的朋友很多，有些人不忍心朱昌琳在垂暮之年还遭受这样的诋毁，就劝他急流勇退，不要再招惹是非。朱昌琳一腔热血为湖南新政出力，想不到遭到这样的待遇，他心灰意冷，屡次向陈宝箴提出辞呈。

面对一些人忌恨诬告朱昌琳，陈宝箴非常气愤，向朝廷上疏极力为朱昌琳父子辩护。光绪二十三年（1897）十二月十八日，陈宝箴上《陈明捏造朱昌琳父子劣迹片》，极力为朱昌琳父子辩护。在奏折中，陈宝箴言：

> 臣以为人有君子，即有小人；事有所便，即有所不便；善者好之，不善者恶之，此古今不易之理。该绅父子约己从公，其立心行使，不惟下不可以告同人，上可以告君父，且实无愧屋漏，可质鬼神。此等故肆抵諆之言，别有用意，何足计较？……乃无名书函，诋无所不至，甚有"为人子孙"之言，其他"贿赂赃私，狗猪不如"等语，天下之恶无不备臣一人之身。……现又垫款经办疏浚城外湖河泊船巨工，属命其子朱恩绂暂停会试，以孚众望。①

为了打消光绪皇帝的疑虑，陈宝箴再一次上奏，愿意为朱昌琳父子担

---

① 《陈宝箴集》（上），中华书局，2003年。

保。也就是说，如果确有其事，陈宝箴愿意承担一切责任："该绅父子所办之事，无一不由臣主裁，如有人查出朱昌琳父子于公事有所侵冒欺罔，皆臣一人之罪，自甘严谴，以儆贪昏，与该绅父子无涉。"

之后，朝廷派人来长沙阜南官钱局查账，查的结果，让人欣慰。在给出的查账结论中，有这样的话："两年以来，本省钱价，较他处皆为减轻。"百姓皆以为便。

之前宝南局铸铜圆和银圆，都是因为损耗过多而停办。在朱恩绂主管宝南局后，力从减省，所铸制钱竟然没有亏折。再如修缮宝南局厂房，过去三十年每次修缮需要万余金，在朱昌琳父子经营后，修缮厂房严格控制成本，每次修缮不足两千两。最重要的一条就是朱昌琳父子在宝南局和官钱局上班，没有领过一两薪水，车马应酬，花费甚多，都是自掏腰包。这也算给朱昌琳父子一个清白。难怪与朱昌琳同时代的"清道人"李瑞清在《朱雨田神道碑》中言："或疑君，独总权，欲其数，挥斥巨亿，毫厘不染。"对朱昌琳的廉洁品德给予了很高的评价。

宝南局尽管在朱昌琳父子的经营下有所起色，但其成本太高，在坚持了一年多后，终因铸钱的原材料缺乏，不得不停办。而阜南官钱局，也因时局的变化，被迫停办。

光绪二十四年（1898），百日维新失败，湖南巡抚陈宝箴也受到牵连，"湖南巡抚陈宝箴，以封疆大吏滥保匪人，实属有负委任。"陈宝箴被"即行革职，永不叙用"。陈宝箴被革职了，朱昌琳也"以年力衰迈，呈请辞卸钱号事务"。新任巡抚俞廉三下令停办了阜南官钱局。

湖南新任巡抚停办了官钱局，但后续工作怎么办？阜南官钱局在开办之初以及日后的运行中，最初是模仿近代银行的方式运行的，原来的厘金局、善后局并没有只和官钱局往来，它们依然和一些钱庄保持着经济往来，全省厘金田赋收入的一半进入官钱局，而修建水利、开矿等需要大量的资金，这样官府不得不挪用官钱局的资金，资金供应不足，朱昌琳不得不自行垫款。阜南官钱局停办后，放出去的款项一时收不回来，而此时清廷又不承认阜南官钱局为官办，这样官钱局放出去的款项只能由朱昌琳垫付。

阜南官钱局从开办到结束，运行了三年多，不仅对湖南的维新运动起到了一定的作用，也是湖南金融业从传统钱庄向近代银行转变的尝试，但终因时局动荡而失败。朱昌琳在70多岁年迈之余，仍挺身而出，在金融业没有做出能彪炳史册的业绩，也是时代使然，但这种开新风的精神仍值得人们称颂。

三、开办近代实业

在洋务维新时期，朱昌琳除了在湖南巡抚陈宝箴支持下，协助管理湖南矿务总局，统揽全省矿业开采，还在陈宝箴的三顾茅庐下，开始整顿湖南金融业。阜南官钱局的开办和经营，是其在这一时期的主要活动。

面对全省近代工业的崛起，朱昌琳也积极投身兴办近代工业的洪流中，一代儒商又活跃在实业的舞台上。在这一时期，朱昌琳在湖南维新变法、倡导实业救国的浪潮中，开创了多项湖南第一。在创办这些工业的过程中，朱昌琳这么一个精神矍铄、老而弥坚的商业大亨，在湖南实业发展史上，同样留下了让人赞叹不已的可贵精神。

在近代中国，"敢为天下先"的湖南人一直走在时代前列，开创了多个第一。以实业救国为旗号的洋务运动，基本上是湖南人率先创办的，可惜的是，这些湖南人创办的近代工业没有一个是建设在三湘大地上。1861年，曾国藩在安庆创办安庆军械所；1866年，左宗棠在福州创办的福州船政局以及1878年在兰州创办兰州织呢局。当这些湘军大佬在各地创办新式工业的时候，在三湘大地，却没有一个人愿意在家乡投资办厂，甚可奇怪。

也只有到了陈宝箴任湖南巡抚时，湖南人成为维新变法的主力军，这时近代新式工业才在湖南大地开花，很快就遍及全省各地，一大批新式工业乘势而起。朱昌琳作为一个传统的商人，不顾年迈，依然投身到这场创办新式工业的洪流中。在把主要精力放在经营湖南矿务总局和阜南官钱局的同时，也在创办新式工业的道路上留下了深深的足迹。

1895年，新任湖南巡抚陈宝箴倡办火柴工业，拨官银7万两，委派长沙士绅张祖同、刘国泰、杨巩为共同筹备。他们从国外引进一批设备，并聘请外国技师，于长沙北门外文昌阁附近（今工农桥一带）兴建厂房，命名为"善记和丰火柴公司"。这是长沙第一家近代工业企业。朱昌琳虽然没有参与筹建，但拿出一部分资金入股该企业，成为该企业的股东。

1896年，从事锑矿提炼的湘裕炼锑厂在长沙灵官渡成立，这是一个由长沙士绅联合投资的炼锑厂，是湖南近代有色金属冶炼的发端。该厂的发起人就是当时长沙士绅张祖同、朱昌琳（有材料认为是朱恩绂）、汪诒书和杨巩，创办之初，四人合资三万两银子，使用旧式炼制炉进行提炼。有材料显示，从1899年到1905年，共生产锑8994吨，售往国外，获利甚丰。

朱昌琳还独资创办阜湘红砖公司，为城市建筑提供材料。

在维新运动时期，朱昌琳像其他的湖南人一样，走在了时代的前列，不论是在金融领域还是实业办厂，他都在湖南大地上留下了不朽的功勋，同时也完成了从传统商人向近代实业家的转变。

晚清时期，在三湘大地，长沙首富朱昌琳在人生的最后二十余年，将主要精力转向慈善事业，博得了"善人"的美名。

第一节　菩萨心肠为灾民

晚清时期在气候学上属于冷暖交替期，伴随着气候学上的变化，自然灾害频仍，尤其是水灾、旱灾频发，大量灾民流离失所，拖家带口，涌入城镇和无灾乡村。

据有关数据显示，晚清时期，尤其是1840年到1911年，可以说年年有灾害，岁岁是灾年。其中重灾有：19世纪40年代的黄河连续决口，紧接着陕西、河南大旱，接着是连续3年的江浙大水；到了19世纪50年代，北方旱蝗严重，瘟疫流行，黄河改道；60年代，洪水泛滥，永定河多次决口；70年代，北方持续干旱，出现"丁戊奇荒"的惨绝人寰的惨景；到了80年代，更是发生了全国性大水灾，黄河连年漫决，南方洪水横流；到了世纪之交更是干旱严重，赤地千里。

而在湖南，灾害也是频频发生，不是水灾就是旱灾，再加上长达十余年的战争，长江沿线省份破坏尤甚，人们生活在水深火热之中。

晚清时期，湖南面临的灾害主要是水灾，如：

1844年，长沙袁家山山洪暴发，"阴云四合，大雨如注……田禾尽毁……村市当其冲者，屋庐辄随水

第九章　慷慨解囊行慈善

去"①。

1848年，湖南全省遭受洪涝灾害，"滨湖地区大水""漂没民庐无数"，从夏天到秋天，暴雨不止，庄稼被淹，粮食减产或者绝收，导致粮价腾贵，三湘大地"哀鸿遍野，饿殍满城，惨不忍睹"②。

1849年，湖南又发生大水灾，"余水骤涨，田尽没，水之大，为百年所未有"③。这场大水灾，从四月到整个夏天，大雨下个不停，大量田禾被淹没，很多百姓被淹死。由于长期水害，加上饿殍遍野，造成瘟疫大流行，给灾民以更大的打击。这就是湖南历史上的"己酉之荒"。

1850年，湖南仍遭受水灾，洞庭湖周边州县被大水淹没，湖堤多处被冲决。

1870年，长江遭遇千年一遇的洪水，"湖湘大水，逾于道光己酉，不特伤苗甚广，而且圮屋多，伤心惨目，前所未有"。

1889年，中国腹地多省发生近代史上罕见的大水灾，水灾波及十余省，两湖地区更是成为重灾区，"夙昔产米之地，几于尽作灾区，失业贫民难以数尽"，"饥民老弱妇女，匍匐于风霜泥涂之中，号寒啼饥之声，实为耳不忍闻，目不惨睹"。④

1906年春夏间，湖南连降暴雨，恰遇长江洪峰相遇，洞庭湖发生了两百年未遇的大水灾，有三四万人葬身洪水，受灾者达三四十万人。

面对严重的自然灾害，社会上下都投入紧张的赈灾中。就当时的赈灾方式来看，主要有朝赈、官赈和民赈。朝赈主要由朝廷从国库中拨出钱粮进行赈灾，委派朝臣或者地方官进行监督执行；官赈一般由地方官主持，动用地方粮库进行赈济；民赈，又称义赈，由民间士绅捐粮捐款进行赈

---

① 《湖南通志·祥异》卷244，光绪十一年刻本。

② 《湖南自然灾害年表》，第87页。

③ 《清史纪事本末》卷40。

④ 《录副档》，光绪十五年十二月初九日张之洞折。

济。在一般情况下,朝赈和官赈是主要赈济形式,民赈是朝赈和官赈的补充,具有分散性和自发性的特点。

朱昌琳生活的时代从道光到民国初年,长期生活在湖南,所以近代湖南历史上的每次灾害他都经历过,也曾像其他的湖南人一样,饱受灾害的侵害。每次面对湖南成千上万的灾民,他都尽自己所能帮助他们。在成为富豪之前,朱昌琳和家人便常在自己的家门口支起大锅,熬一些粥供灾民食用。临近秋冬,朱昌琳的夫人胡氏发动家人做一些衣服供给饥寒交迫的灾民,把自己家里生产的蔬菜无偿提供给灾民。

清人吴庆坻在《蕉廊脞录》里说,朱雨田"生平以济人利物为己任,自道光己酉,赈水灾为致力善举之始,其后历咸(丰)、同(治)、光(绪)三朝五十年中,善行不可枚举"。的确,在经过"己酉之荒"之后,朱昌琳的商业王国一天天壮大,他的救灾之举也从未停止。每逢灾荒,都能看到朱昌琳的身影。

同治九年(1870),长江流域发生了千年不遇的大水灾,不仅数万百姓命丧洪水,而且还有数十万灾民成为流民。此时的朱昌琳已成为跨粮食、淮盐行业的长沙巨富,他积极投身赈灾救荒中。省城很多士绅都在议论如何储积备荒,对于如何赈灾人人"相顾莫敢发",谁也不愿冒这个头。朱昌琳挺身而出,带头捐出"四十余万斛"粮食帮助灾民渡过难关。

事实上,朱昌琳的慈善壮举跨出湖南,面向全国。《朱昌琳墓神道碑》碑文中记载,朱昌琳在成为长沙首富之后,经商之余"尤尽心于救荒,秦、晋、皖、鄂,蠲振辄数十万"。最典型的是光绪年间的"丁戊奇荒"。

关于"丁戊奇荒",我们在前文有所涉及,这是湖南首富首次将慈善事业投向湖南之外,而且还是数千里之外的山西和陕西。这次赈灾,当然还不是朱昌琳面向全国、关心所有灾民的主动之举,他也还不是职业慈善家,哪里有灾荒就奔赴哪里,他之所以愿意花费巨资赈灾,还是出于声援湖南同乡山西巡抚曾国荃、陕西巡抚谭钟麟的一腔热血，这里面固然有私人之间的关系，也可以说与两位巡抚大人的亲密关系，才促成了他的善举。不过朱昌琳在这次赈灾中还是表现出了不同寻常的赈灾理念，真正地为灾民着想，尽最大的能力解救灾民于水火之中。

之后，只要什么地方有灾荒，他都会义无反顾前往赈灾，尽自己的能力为灾民排忧解难，如湖北、安徽等地发生灾荒，他都极力相助，捐资"辄数十万"。对于他的善行，朝廷也给予一定的表彰，授予其头品顶戴。这个象征性、荣誉性的表彰，表明朱昌琳的善举得到了社会赞誉，赢得了朝廷的肯定。

朱昌琳70岁以后，大彻大悟，他把朱氏商业的主要业务交给几个儿子打理，自己开始谋划安度晚年。平时他和长沙一些官绅老友喝酒品茶，其他时间则主要从事慈善事业。每年春节前后，朱昌琳都要发动全家在长沙城内免费发放年米，救助那些无以度岁的贫民。在乡间，对于那些孤老无靠的老人按人头发放固定粮折一本，每年秋收时，这些老人可以凭折到指定地点领取稻谷六石。有资料记载，朱家发放此项粮折共三百余本。其义行善举，遍及城乡，有口皆碑。

光绪二十一年（1895），湖南水旱交替，湘北、湘西、湘南灾情严重，百姓多流离失所。面对灾情，湖南巡抚陈宝箴奏请朝廷凡是本省内运往灾区的谷米杂粮，无论水陆，一概免去厘金。同时号召省城官绅，积极行动起来，协助朝廷赈灾。此时已经70多岁的朱昌琳积极响应陈宝箴的号召，"毅然身任其难"，在省城与诸绅集资二十万两白银，并令其子朱恩绂放弃参加会试的机会，率领购粮大军亲赴江西、安徽采买谷米，然后转运长沙，救济灾民。

朱昌琳深知，大灾之年，粮价必须稳定，要不然就会闹出大事。为了稳定长沙粮价，朱昌琳按照陈宝箴指示，于长沙设立平粜所五处，购米者"常数千人"，于是"群情大定"。仅这年冬至次年六月，在朱昌琳主持下，各处粜米七八万石，而每石米价格较市价少三四百文，有力稳定了社会秩序。

1910年3月，湖南因上年歉收发生饥荒，大批饥民涌入省城，"人情汹汹"。此时朱昌琳已是90岁高龄，"闻难，即时入城开喻，毅然以振粜自任……倡捐万金，手定章程，设立平粜所，分布城乡，筹谷三万余石，保全甚众"。

从1859年朱昌琳暴富以来，只要是湖南乃至全国发生重大的天灾，如水灾和旱灾，都能见到朱昌琳赈灾的身影。他不仅自己捐钱捐物，赈济灾民，还凭借着自己的社会威望，号召湘民积极赈灾。尤其是朱昌琳70岁以后，他把重点工作放在了赈济穷人上。他的乐善好施、慷慨捐资，赢得了湖南百姓的拥戴，对当时的社会产生了重大影响。

朱昌琳的社会影响是全方位的，可以说从同治朝后期到光绪朝，历任湖南巡抚像刘崐、王文韶、陈宝箴等都与之交好，在外省任职的湖南籍官员如左宗棠、曾国荃、刘坤一、彭玉麟等总督、巡抚，也把他视为人生的挚友，对其十分敬重。即便是湖南各地的僻野湘民，只要提起朱昌琳的大名，都会"额首颂其贤"。也因此故，到了1911年，朱昌琳被举荐为耆贤，特首内阁学士衔，因此民间对朱昌琳的称呼也就多了一个"阁学公"。

第二节　慷慨捐资为公益

朱昌琳在成为长沙富商之后，对社会公益事业倾注了极大的心血。只要是有益于湖南民众的公益性事业，他都积极响应，毫不吝惜，拿出巨资积极兴办。

朱昌琳对地方公益事业的关心和支持，主要体现在开河道、置义山、修道路、办义学、施棺木等事务上，他还向保节堂、育婴局、施药局、施医局、麻痘局、鳏寡孤独局等捐款无数。

据有关文献记载，在经商发财后，朱昌琳每年都会拿出一部分钱财支持地方慈善事业。

置义山，朱昌琳出资购买某处山林，以山林所产特产的收入救济那些穷苦人家。

办义学，朱昌琳出资筹办启蒙学校，资助家族、乡村、城市中贫寒人家的子弟读书识字，接受启蒙教育。义学包括办学的教室、延请教师的薪水等。

修道路，为了方便行人，对一些破损严重的道路，朱昌琳出资请人加以修复。如旧时湖南省城长沙，从小吴门外分路口至长沙县东乡青山铺一带的道路，属于官道，车来人往，比较繁忙，但当时这条道路为泥土路，每逢冬、春两季，因雪水、雨水较多，泥深路滑，行人及独轮车来往极为困难。朱家见此情形，乃出资雇人，自数十里外的丁字湾购运长方形麻石，铺于大路之中。从此每遇雨天，行人再也不为道路泥泞而发愁，极大地方便了来往百姓，人们称道不已。长沙城东北郊旧有浏阳河渡口，名字叫黑石渡，是浏阳河两岸来往的主要渡口。为了方便当地百姓，朱家特设置三艘渡船，雇专人司渡，以方便往来行人。

除了出资置义山、办义学、修桥铺路，朱昌琳每年还拿出不少的钱财资助官方或民间成立的保节堂、育婴堂、施药局、施医局、鳏寡孤独局。

长沙的保节堂建于清乾隆年

《长沙育婴堂条规》书影

间，主要是为那些贫穷无所依的贞妇节女提供一定的帮助。在封建时代，尤其是宋元以后，理学思想成为社会主流思想，"贞节观"深入人心，也成了束缚女性的一道枷锁。由于天灾人祸，在结婚后因突然变故失去丈夫的妇女，生活立即陷入困顿，有些地方建起了保节堂、全节堂之类的建筑，供那些无依无靠的寡妇生活。保节堂收养的寡妇，不能白吃白住，日常要做一些缝衣、刺绣等工作。如果是孤儿寡母的，新寡儿幼无告者，方可来进，待其幼儿长大成家后可迁出。如果是丧夫无子的寡妇，则可以长期居住。保节堂属于慈善性质的机构，有些属官办，但大多数是民间捐献，日常开销需要不断有社会慈善家捐赠。有史料记载，晚清的长沙保节堂在相当长的一段时间里，都得到了朱昌琳的大笔捐赠。

育婴堂也是中国古代的慈善机构，专门收养因各种原因被遗弃的婴儿。据史料记载，长沙的育婴堂创办于雍正二年（1724），由湖南布政使

长沙育婴堂遗存

朱纲捐银600两建成。清代育婴堂收养弃婴不限名额，育婴方法有堂养、寄养、自养、捐养四种。育婴堂所有人员，每月分赴寄养、自养户，督促其改善抚养条件和生活水平，杜绝弊端。堂内有中医，婴儿有疾可随时医治。同样作为慈善机构，育婴堂每年的开支也是一笔不小的数目，除了政府提供一部分费用，社会各界的捐助也是其主要资金来源。朱昌琳的商业生意越做越大以后，他开始对社会慈善事业倾注一定的心血，因此在长沙及周边，都有他捐献钱物的记载。

除了我们所提到的这些慈善机构，还有名目繁多的各种慈善机构，朱昌琳作为一方贤达，自然也是倾力支持，或出钱设立，或捐钱支助，他那慈悲为怀的为人处世之风范渐渐为长沙人所熟悉。

第三节 疏浚新河建奇功

新河三角洲，又称新开河三角洲，位于湘江与浏阳河交汇处，即今长沙开福区的中部，范围大致为开福寺以北、浏阳河以南一带。

新河，又名新开河，顾名思义是新开辟的河，而不是全靠自然形成的河流。从有关文献记载看，新河是一条人工河，系清康熙二十五年（1686）湖南巡抚王艮为了方便商旅泊舟，发动民众在长沙北门外开凿月形人工港湾。清人李元度《开浚长沙城北新河议》则曰："志称康熙初，巡抚王公艮于城北相度，新开引河，泊舟甚便。"但王艮开挖的新河由于工程难度大，规模较小，加上历年洪水泛滥，康熙末年时，已是淤塞严重。

雍正六年（1728），湖南巡抚王国栋在《请浚长沙北门旧河疏》中说："长沙江面既宽，北风势紧，又无小港可以湾入，猝然风起涛涌，一时难御，沉溺漂没者往往而有。此官民船只不能停泊，而商船亦多往湘潭，以舍湘潭无可栖泊处也。"又说："长沙北门外原有旧河一道，计长三百余丈，淤塞已久。若将此河照旧开挖深阔，可以多泊船只，诚为大便民之事。"于是,他以"为民兴利,似不可缓"为由,上疏恳请疏浚月河。

乾隆二十一年(1756),湖南巡抚陈宏谋下达疏浚、开挖新河至碧浪湖的动员令。此后,疏浚开挖的新河便与碧浪湖连为一体,吞吐船只能力大为增加,新河重新焕发生机。近代以后,由于社会动荡,河道缺乏管理,至同治年间新开河完全淤塞,"但存其名"。

湖南长沙历经无数次的大水灾,新开河渐渐被淤泥堵塞,已经完全丧失交通航运的功能。同治七年(1868),李元度赋闲长沙,目睹官、民泊舟不便之状,撰《开浚长沙城北新河议》,建言重新疏浚新河。陈宝箴升任湖南巡抚后,很快就开始了他在湖南的维新革新之举。河运不通严重阻碍了各项实业发展,于是光绪二十三年(1897),湖南巡抚陈宝箴再次倡议疏浚新开河,并于当年十二月开始疏浚新河。疏浚新开河,贯通湘江和浏阳河,绝非一项简单的工程,需要一大批资金。当时的湖南省又拿不出这些资金,于是陈宝箴呼吁社会贤达、富商巨贾自愿捐钱支持这项有功于后代的事业。面对陈宝箴的热情呐喊,朱昌琳积极响应,首认巨资支持陈宝箴的这项举措。但是到了1898年,随着百日维新运动的失败,积极支持维新运动的陈宝箴以"滥保匪人"被罢黜。失去了陈宝箴的鼎力支持,在疏浚新开河工程上,朱昌琳策应不灵,而农民又以开浚之后,田高水低,浇灌不便,百般阻挠,结果工废半途,所挖淤泥在涨水之后又滚入湖中,旋疏旋淤,工程几乎停滞。

陈宝箴被罢黜后,继任者是岑春蓂。光绪三十一年(1905)八月,岑春蓂调任湖南巡抚,经过一番调研,他对长沙的形势有了新的认识,对交通建设也有了新想法——"马路工程自小西门起,中经平浪宫码头,拟造至新河口止,北门外城河起亦至新河……目下铁路公司亦已购地兴工,将来沿江一带地方既为商埠马路之所经,复为铁路货栈之所集,指日北门外将蔚为繁盛市场,亟应将该河开挖深通,与江连接,俾货舶连樯湾泊,而商务亦借以振兴"。

光绪三十四年九月十一日（1908年10月5日），重新开挖疏浚新河工程开始。岑春蓂派巡警道赖承裕、绅商朱昌琳负责一切事宜。在整个施工过程中，每日奋战在工地上的民工达八九千人之多，有报纸记载当时的场景："胼手胝足，同心协力，畚锸齐施，群情踊跃。"

光绪三十四年十二月二十八日（1909年1月19日）新河疏浚、拓展工程竣工，历时三个半月。疏浚后的新河，河道全长六百六十三丈，河面宽二十二丈至八十一二丈不等，河底宽十四丈至

新开河故址碑记

六十三丈不等,平均计算,河宽三十丈七尺,深二丈一尺七寸。

此次新河的疏浚,耗资达19万余两白银,动用民工近万人,工程十分艰巨,然而在朱昌琳的精心调度安排下,竟然"安静无哗,迅速蒇事,实为始愿所不及"。在开闸通水后,"民船含尾湾泊,无复风浪之险,行旅甚为称便"。

从陈宝箴到岑春蓂,为了疏浚新河,朱昌琳先后捐资13余万两白银。河道整治工程历时十余年之久,终于使河长数里的新河,与湘江、碧浪湖和浏阳河连通,泊舟盈万。随后新河一带出现了密集的街市、码头、行业货栈,成为长沙北门外繁华之区。今天人们在享受新河三角洲美丽的风景时,是否还记得百余年前为这条河付出心血的"阁学公"朱昌琳呢?

新河的再次浚通,使长沙城北有了一个可以停泊舟船的港湾,促进了长沙交通与商业的新发展。新河开通后,航运渐渐发达,沿河一带开始建了不少房屋,逐渐形成街道,称新河正街,出现了商店、作坊。

第四节　兴文教不遗余力

朱昌琳是一个受过传统儒家文化洗礼的富商,他幼时熟读四书五经,又有多次科考经历,对传统儒家文化有很深的了解,而且他骨子里对文化教育、儒家伦理、儒家的处事原则有着极强的依附性,是一个典型的"儒商"。

同治十一年二月初四(1872年3月12日)午后,两江总督曾国藩吃完午饭在南京总督府西花圃散步时,突然中风,身体麻木,不能行走,家人和亲卫赶快把他抬到屋里,紧接着派人延请名医入府医治,谁知病情恶化,不治身亡,享年62岁。

曾国藩的死讯传到北京,惊动朝野,朝廷为了悼念这位忠臣,下令辍朝三日,并追赠太傅,谥号"文正",同时入祀京师昭忠祠和贤良祠,并下令各省建立专祠祭祀。

在清代,官员死后能入祀京师昭忠祠和贤良祠,是一种极大的荣誉。京师昭忠祠,主要是祭祀那些尽职殉国者。京师昭忠祠始建于辽,清乾隆十九年(1754)重修,入祠的主要是殉国的王公、大臣、官员,其牌位按照爵位、品秩排序。一般情况下,能进入昭忠祠的主要是武将。清代京师贤良祠,始建于雍正八年(1730),修建贤良祠的原因,雍正皇帝在上谕中说得很清楚:"国家效忠宣力之臣,勋绩懋著,必膺崇报之典,令其世飨烝尝。"贤良祠建成后,雍正皇帝亲笔御书"崇忠念旧"四字匾额,并下令春、秋两季国家公开祭祀。大臣死后能入贤良祠是一种莫大荣誉,主流观点认为,有清一代,进入京师贤良祠的大臣也不过177人,皇太极时期3人、顺治朝7人、康熙朝35人、雍正朝13人、乾隆朝43人、嘉庆朝12人、道光朝14人、咸丰朝6人、同治朝11人、光绪朝29人、宣统朝4人。能入祀贤良祠的文武大臣,必须具备"持躬正直,奉职公忠,树绩建勋,完名全节者",这个条件是很高的,只有大学士、各部尚书、侍郎才能具备这样的条件,至于各省督抚很少有人入祀贤良祠。

曾国藩的死讯传出后,南京百姓最为悲痛,史书上说"百姓巷哭,绘像祀之"。

四月二十四日,曾国藩的儿子曾纪泽兄弟遵照父亲"归湘为便"的遗嘱,在金陵码头解缆西归,沿长江从水路扶柩归湘。五月十七日,曾国藩的灵柩船抵长沙水陆洲。二十日,安柩于长沙城内曾子庙。此时正当暑天,曾国藩胞弟曾国荃决定在长沙南门外的金盆岭暂时浅葬,待他日觅得风水佳壤再行定葬。六月十四日,灵柩出殡,浅葬金盆岭。金盆岭墓地,位于今长沙南郊公园,与岳麓山隔河相望。

1873年12月13日,曾国藩与夫人欧阳氏合葬于善化县(今湖南长沙望城区)湘西平塘伏龙山。

同治十二年(1873),湖南巡抚奉旨在省城长沙修建曾国藩祠。

曾国藩是湖南人的骄傲，近代湖南在中国的崛起以及湘军集团在清廷的显赫地位都与曾国藩密不可分，可以说没有曾国藩就没有湘军，没有湘军就没有湖南人在中国近现代的地位，所以曾国藩对于湖南人来说，就是膜拜的对象。现如今曾国藩去世了，对于湖南人来说就如同失去了一个精神领袖，祭奠他、怀念他，自然出于湖南人的真心。当接到皇帝诏书建立专祠祭祀曾国藩后，湖南巡抚立刻下令在长沙选择风水宝地。长沙很多士绅不约而同行动起来，朱昌琳作为湖南富商，带头捐款，"一意营度"。曾祠的建筑费用一部分由清廷赐银，计三千两白银；曾国藩生前门生及亲友集祭奠银，四千多两；其他所剩均由朱昌琳捐助。共耗银四万余两。修建曾祠，朱昌琳是出力最多的。朱昌琳之所以如此耗费心力与钱财，一是感激曾国藩在国家危难时挺身而出，为他置生死于度外、一心为国的忠诚所感动；二是感谢他在两江总督任上发行盐票，使朱昌琳有机会成为湖南最大的盐商，朱家商业帝国的强盛与曾国藩有一定的关系。

同治十三年（1874），曾国藩祠工成。当时的曾祠占地百余亩，时任湖南巡抚王文韶《敕建曾文正公祠碑》记载："纵七十八丈，横四十八丈，中建崇祠凡四重，撒上下亭各一，为门三，门首牌楼一，东西序称是。又西为思贤讲舍。计舍、室、庭、营、厢、簃、庖、湢共一百七十有八间。有池，广袤十数亩。为桥一、楼一、亭五、台二。池畔垒石为山，杂莳花木，翼以回廊，缭以崇垣，垣周二百六十丈。"曾国藩生前幕僚王定安在其所撰《曾文正祠雅集图记》中亦载："其规模壮丽，延袤数十亩，缭以周墙，绕二塘。其中崇堂峻宇，既庄既肃，危亭瞰青，飞榭激寿，翼如缭如，环俶殊观。"因此曾祠的建筑极具园林祠宇之胜，尤其是曾祠后花园浩园，极具园林之妙，是晚清长沙最著名的私家园林之一。

曾祠建成后，除了每年祭祀曾国藩，还成为传授儒学知识、传播洋务思想的主要阵地。当年在曾祠建成后，郭嵩焘曾想在其旁建思贤讲舍，"延诸生俊秀弦诵其中"。只是后来郭嵩焘出使英法，建思贤讲舍一事也就不了了之。

光绪五年（1879），郭嵩焘从西洋出使回国，告病回到长沙隐居。在长沙期间，郭嵩焘经常与朱昌琳等好友闲谈雅居，曾祠浩园是他们经常聚会的地方。一次偶然，郭嵩焘再次提出想在曾祠西侧建思贤讲舍，传播洋务思想，培养国家急需人才。朱昌琳慨然应允，捐出巨资修建了思贤讲舍。光绪七年（1881）思贤讲舍正式开办，先后有郭嵩焘、王闿运、王先谦主讲其中，授徒讲学，出版书籍，在湖南文化史上产生了重要影响。

1914年，思贤讲舍被浏阳人刘人熙改为船山学社。以宣扬传统国学为宗旨，刊行《船山学刊》，并建船山专祠。可惜曾祠和船山学社被毁于1938年的文夕大火。

朱昌琳不仅出巨资修建曾祠和思贤讲舍，在重修湖南长沙的一些名胜古迹时，他也是积极资助者，在他眼里，历史上的名胜古迹都是先人留给后人的精神财富，如光绪元年至四年他为重建长沙名胜古迹贾太傅祠和定王台分别捐资。

长沙曾国藩祠与船山学社

1912年11月27日,一代富商朱昌琳溘然谢世。

随着朱昌琳的去世,加上民国后风云变幻的形势,长沙首富朱昌琳缔造的商业帝国随之衰落,尤其是抗战爆发,长沙历经战争的惨祸,文夕大火、数次长沙会战,战争给这座城市带来了无限的伤痛,朱氏家族慢慢凋零了,淡出了人们的视线。

但朱昌琳留下的朱氏家风如雨后春露,浸润在朱氏后人的血脉里,我们今天翻阅关于朱昌琳的资料时,依然能感受到这位乡贤的人格魅力。

诚如后人评价的,人们记住朱昌琳的,不是戴在他头上的"湖南首富"的头衔,而是"朱大善人"的美誉。

第十章 善风谆谆传后世

第一节 纯善家风泽后世

自岷王后裔朱小鲁迁居棠坡之后,这一支岷王后裔就以棠坡为根据地,开始了繁衍生息,到朱昌琳时,朱氏已经在这里繁衍了七代。从有关史料来看,在朱昌琳之前,朱家并没有发迹,也不是当地有名的望族,不仅科举功名上无所成就,而且在其他方面也没有突出的成就,维持朱家生计靠的是教书和行医。

不论是教书还是行医,都离不开读书。在传统社会,很多家族在家风培育上,都把耕读作为家训训导和教育孩子。朱家也不例外,读书是首要家庭任务,在朱小鲁迁居棠坡后,朱家在教育孩子上都特别重视。不管家庭条件多艰苦,朱家对子女的教育也一刻没有放松：一方面，他们固然是希望朱家后代能通过科举考取功名，光宗耀祖；另一方面，这也是希望后代通过教育在其他方面有所成就。正是这种良好的家风熏陶，朱家后代都或多或少受到一定的教育，尽管在科举道路上没有出类拔萃者，但这给朱氏后人以后的发展奠定了基础。

在古代，受到一定的教育，做一个乡村小知识分子，可以靠做私塾先生谋生。因此我们在朱氏家谱中看到很多朱氏后人都曾做过私塾先生：条件好的，可以做官宦人家的私塾先生；条件差的，只能做乡村学堂的先生。私塾先生收入不高，但也可以勉强度日，加上田地收入，朱家在当地还算勉强过得去。

朱家后人的另一项营生是行医，行医是朱家的传统。不论在哪个时代，生病就医是任何人都避免不了的，朱家后人多少都有一定的医学知识，有做乡村医生的条件，这也是朱家后人得以生存下去的资本。

但是自从朱昌琳经营稻谷发家之后，朱家开始步入商业领域，随着朱昌琳在粮食、淮盐、茶叶方面的生意越做越大，朱家成为湖南首富，朱氏家风也开始有所变化。这些家风家训都得益于朱昌琳，朱昌琳非常注重家风建设。他在子女教育上的投入，在为人处世方面的训诫，在经商服务社会等方面的努力，都成为朱氏后人一生遵循的宝鉴，由之，朱氏家风渐渐形成。一些优良的家风，也注入朱氏后人的血脉中，成为长沙朱氏代代传承的优良品质。

朱昌琳从小就饱受儒家传统文化的熏陶，熟悉历史上大家族的兴衰荣辱，所以自从朱家经商致富后，他就开始刻意培育家风，以儒家传统的思想治家教子。有史料记载，他鉴于当时"大家风气"日渐奢靡，"以致家道日衰，而不知所终"的惨痛教训，根据自己家族长期口授相传之家法，制定数条家训，以此训诫子孙后代。尽管朱氏家族在棠坡已经繁衍生息了数百年，但一直没有形成像《颜氏家训》《朱子格言》《郑氏规范》等有文字记载的家训家范，朱氏家训一直采取口口相传的方式，包括读书明理、孝道交友、为人做事等，但这种口口相传的家训，不系统不连贯。朱昌琳从身边一些大家族的家训开始反思，根据自己的亲身经历和朱家的传统，草拟了数条家规。朱昌琳草拟的家训，主要包括如下内容：

一、家庭内部规定：婚丧节庆之用度，居家往来之馈赠，童仆奴婢之管束等。

二、不良风气的约束：办事必须讲礼法，不许懈怠奢侈，严禁樗蒲六博，严禁吸食鸦片等。

三、勤俭持家、乐善好施。

四、诚实守信，不许欺诈。

五、为官正直，不得贪墨。

朱昌琳制定的家训，我们现在已经无法见到原来的文本了，只能从有关文献中梳理出这数条。从这些家训中我们不难看出，朱昌琳对子女的约束还是很严格的，他希望子孙后代能恪守家训，读书成才。他深知"富不过三代"的道理，尤其是像他这样的富商巨贾，如果没有严格的家规，不对子女进行严格的教育，很可能不出三代，朱家就会衰败，历史上这样的教训太多了。

朱昌琳严格的家教，也博得了时人的高度评价，郭嵩焘有一次和朋友在论及当时省城长沙诸大家子弟时，对一些官宦人家和富家的家庭教育颇多微词，唯独对朱昌琳的家教赞不绝口，赞叹只有朱雨田的"子弟，循循礼法，读书能文，辉光日新，最足欣慕"。

在现在棠坡朱氏老宅，虽说这些建筑都是新修，但从一些对联中我们也能体会到朱氏家族的浓厚家风，如在恬园大门两侧镌刻的对联"读书继世，忠厚传家"就是朱家的祖传家训。在轿厅有一副对联更为醒目："祖泽长沐渊源有自，家风丕振懋盛无疆。"另一大厅则挂一副长联："愿棠庐万户千家持礼义而行正直，喜坡满茂林修竹育贤豪以咤风云。"这些对联也正是朱氏的家风家训家规。

第二节　秉承祖训做善事

　　人都有怜悯他人的本能，有些人之所以漠视他人，就在于内心的慈悲之心和怜悯之心被极度膨胀的物欲遮掩了，尤其是一些吝啬的商人，把金钱看得比什么都重要，他们成为金钱的俘虏，为了金钱可以不择手段，怜悯之心也就荡然无存。

　　朱昌琳发家致富以后，潜藏在内心的慈悲之心没有被白花花的银子所击倒，反倒在条件许可的情况下，极力为生活在贫穷线上的穷人捐钱捐物。他心怀苍生，不论哪里遭受大灾大难，他都慷慨相助。典型的像晚清湖南的"己酉之荒"、横扫北方的"丁戊奇荒"，朱昌琳都站在赈灾的最前线，为灾民捐钱捐物捐粮食，赢得了人们广泛的赞誉。

　　对于家乡的人们，朱昌琳更是不时拿出一定的银两和粮食，赈济灾民，周济穷人，尤其是70岁以后，他把朱氏商业交给子辈管理和经营，自己则一心从事慈善事业。朱家除拥有大量的商业店铺和机构外，还拥有数万亩良田，仅田租每年就有二万五千余石稻谷。朱昌琳把其中一万石稻谷拿出来，直接用于长沙四乡的保节堂、育婴堂、施药局、施医局、麻痘局、鳏寡孤独局；他还出资设立义山、义学、义渡，免费为家乡百姓服务；对于贫寒无靠的乡邻，他施棺材、发年米、送寒衣……种种善事，无一不为。

　　朱昌琳慈善为怀的家风也深深影响着朱氏后人，尤其是在民国以后，朱氏后人秉承家训，尽力为当地百姓办实事，办好事，甚至把自己豪华的宅院拿出来办学校。如朱昌琳1860年于长沙市喻家冲兴建的占地40余亩的朱家花园，是长沙城非常有名的私人花园宅邸，时人称"登之可极尽岳麓湘江之胜，名于是邦矣"，花园内有兰堂、宜春馆等亭台楼阁，池塘、假山、绿竹、高树，风景极为幽雅。1936年出版的《长沙市指南》把朱家花园列为长沙园林之首，书中说："斯园虽系私有，然已完全开放，任人自由游览，园丁备有茶水，茶资听给，有小贩贩卖糖点，取买亦便。"朱家花园还为游客准备了凳子。那时，朱家花园所在的丝茅冲虽是郊区，但游客很多。河东学校组织学生春游，一般会选择此处。

1937年抗日战争全面爆发后，各大机构纷纷内迁，许多重要机构在南迁或西迁的过程中，都把长沙作为中转站。河南巩县兵工厂，是当时国民政府四大兵工厂之一，在日军飞机的不断轰炸下，兵工厂被迫南迁。1938年4月部分机器运到长沙，征用朱家花园作为生产基地。朱家后人没有怨言，自愿捐出朱家花园作为兵工厂生产基地，支持抗战。由于偶然事故，兵工厂发生爆炸，朱家花园化为灰烬。

朱家花园，朱昌琳用一生心血建设的豪华宅院，为了抗战化为灰烬，在抗战史上，留下了让人敬佩的一页。

恬园，朱昌琳建设的朱家老宅，其旧址是朱昌琳出生的地方。朱昌琳在发迹之后，尤其是在太平天国运动兴起之后，隐居家乡，翻修了朱氏老宅，还修建了恬园这极具代表性的庄园。朱氏一族子孙兴旺，多时人丁上百。朱昌琳发迹后，并没有忘记家乡百姓。在棠坡，朱家扶危济困，赢得乡亲的赞誉。从朱昌琳开始，每月逢三逢八之日，朱家都要开仓济贫，周济村里和周边的穷苦乡亲。村里如果有孤寡老人去世，朱家提供棺材以及两担石灰，用于埋葬。朱家还在棠坡老宅建有私塾，免费让村里的孩子读书，在私塾读书的孩子，不论是朱氏后人还是村里贫家子女，均可免费就读于朱氏族学。民国后，朱家后人秉承朱昌琳的家风，把恬园捐献出来，创办学校，办慈善机构。朱昌琳还在家乡筹办时中学堂、时中医学，以发展家乡的教育和医疗卫生事业。

第三节　朱家后人今何在

棠坡朱氏从朱昌琳这一代开始，因朱昌琳在商业上的成功，跻身湖南名宦之列，成为长沙城首富，成为湖南著名的乡贤。

朱昌琳的父亲朱原善，有兄弟几人，史料无载。棠坡朱氏的族谱也是从朱原善开始的。朱原善有二子，即朱昌琳、朱昌藩兄弟。此后朱家人丁渐广，朱氏后人或读书，或做官，或从军，在各个行业均做出了一定的贡献。但是朱家后人反而很少有人经商，朱氏商业在民国后尤其是抗日战争爆发后，随着湖南成为抗战主战场而凋零。想一想，湖南首富长沙朱家，因为近代国运不济而中途凋落，不能不说是近代中国落后的一个缩影。民族工业受现实政治的影响，这也成了近现代中国不可回避的问题。

朱昌琳一生先娶夫人胡氏，胡氏病亡后又续娶陈氏。两位夫人均有德行，生有子女七人。除长子早夭，其他四个儿子分别是朱访彝、朱访纶、朱访德和朱访羲，另有女儿两人，其中一个女儿成为李星阮孙子李相纶的夫人。

诚如朱氏家训强调的那样，朱家传统就是强调读书，其族人也一直想在政治上有所进步。可惜在朱昌琳一代，没有通过科举考取功名的。尽管朱昌琳后来因为大力赈灾行慈善，得到了清廷的褒奖，授候补道员、候补按察使衔、内阁学士衔、头品顶戴，不过这些都是虚衔，只能为自己挣得一些名誉，并不能算是仕途之人。

但朱昌琳的儿子们就不一样了，虽然此时的朱家已经富埒王侯，但获取功名依然是他们所向往的。为了博取功名，朱昌琳还是通过各种途径为几个儿子的未来发展谋划一二。

朱访彝，字鄂生，廪贡生，曾为耒阳县学训导，后来朱昌琳为他捐了个福建补用道的虚衔。朱访彝在晚清一直协助父亲打理朱家产业，1894年，陈宝箴任湖南巡抚，推行新政，成立湖南矿务总局。陈宝箴三顾茅庐请朱昌琳出任湖南矿务总局总办，但朱昌琳以年事已高谢绝，委派儿子朱访彝出任湖南矿务总局协办。朱访彝自出任湖南矿务总局协办后，一心扑在开矿办厂上，不论酷暑还是寒冬，不辞辛劳，奔波在湖南各主要矿区，为湖南矿业发展呕心沥血，最后劳累过度，病死在任上。

朱访纶，字乔生，廪贡生。恩荫出任刑部山西司行走、广东道员、安徽皖南镇总兵等，在清末曾担任资政大夫，还在海军衙门担任办事官。辛亥革命后，朱访纶辞官回乡，在长沙办起了华实纺纱公司。

朱访德，即朱恩绂，字菊生、鞠尊，副贡生。光绪十四年（1888）举人。1896年，湖南巡抚陈宝箴请朱昌琳出山担任阜南官钱局总办，朱访德协助父亲管理官钱局，为湖南新政做出了一定的贡献。有文献记载，他曾任江南盐巡道、署江宁布政使等职，还曾在中国红十字会湖南分会任职。

朱访羲，字枚勋，附贡生，曾任法部主事。

朱昌琳的四个儿子，虽然后来都曾从政，但都没有成为手握大权的地方大员。尤其是民国后，随着朱昌琳及其儿子的去世，朱昌琳一手缔造的朱氏商业帝国渐渐后继乏人。

棠坡朱氏的另一支也就是朱昌琳的弟弟朱昌藩的后人，出了一位名人，他就是中华人民共和国前总理朱镕基，不过到朱镕基这一代时，从朱原善算起，棠坡朱家已经是第五代了。

棠坡朱家，因朱昌琳经商致富而成为湖南首富，也因为朱昌琳热心慈善而成为湖南人人敬仰的名门。朱家商业也仅仅维持了几十年，随着民国以后形势的发展，尤其是战乱频仍，诸多名门望族和富商巨贾的资助都随着战火烟消云散。我们能够记住的，也只是历史上这些家族曾有过的辉煌以及他们为当地所做出的贡献。

结　尾

　　1912年11月27日，朱昌琳病卒于家，终年90岁。

　　一代富商和近代长沙慈善事业的开创者朱昌琳就这样走完了自己90年的人生历程。当中国历史告别两千多年的帝制迎来共和的新曙光时，朱昌琳却没能在新的时代有所发展，伴随着旧时代的落日余晖静静地完成了自己的人生之旅。

　　朱昌琳死后，家人把他安葬于长沙县安沙镇和平村棠坡祖坟。朱昌琳的死，在当时的长沙产生了不小的影响，人们通过各种方式表达对这位慈善家的缅怀和敬仰，也通过各种方式对他的人生给予了很高的评价。

　　一代经学大师王闿运在听到朱昌琳去世的消息后，不禁伤悲，他为朱昌琳写的挽联高度概括了朱昌琳一生的成就：

　　　　荷衣徒步记相从，喜卅年平揖公卿，豪情吐尽英雄气；
　　　　花径玉缸频把酒，看诸子满床簪笏，里社仍祠积善翁。①

　　晚清著名学者，曾任光绪朝翰林院庶吉士的李瑞清为朱昌琳撰写了《朱雨田神道碑》，碑云：

　　　　君讳昌琳，字雨田，长沙人也。其先盖明之宗室，自南陵迁于湘。考讳采鹄，积学隐德，有二子，君其长也。三代皆赠一品封。家承儒业，生而和静，屡试，提学以文高见疑。道光之季，农伤谷贱，千钱三石，富室困敝。君假馆城中，独债千斛。明年大水，常澧流离，谷贾十倍又五，遂擅其利。乃益招流民，

---

①　《王闿运日记》。

收集材木，营度隙地，百堵并兴。城乡居宅至今弘丽，本其略也。明年寇起，辟地江湖。俄东南瓦解，遂归潜隐。文武龙骧，独无所与。隋十年，以医自晦。时方用兵，财用奇绌。既复江宁定章，则淮运大通，贾费初直十金，后卖巨万。东南行盐，实兴于此。君繇是多在城市，不能自暇，故交寒门，亦多显赫，官士推重，今五十年。或疑君独权欲，其数，挥斥巨亿，毫厘不染。凡俄募施，皆出己赀。尤尽心于救荒。秦晋皖鄂蠲，振辄数十万。尝运米陕西，布囊盛米。因致布数万匹，以为寒衣，其密致如此，时人方之陶侃。左文襄奉手劳曰："君杰士也，审矣以赈饥。"叙功道员加按察使衔。二纪之间，湘政是毗，巡抚倚之贫国富疆。出家财前后巨万，以新开城北船步为伟绩。前名臣赵申乔陈弘谋，莫奏绩，君竟成之。

　　翰林院检讨重宴鹿鸣加布政使提学使江苏候补道李瑞清书丹并篆额①

短短四百余言，将朱昌琳一生的主要业绩展现在读者眼前。

从晚清到民国，长沙城没有人不知道朱昌琳，都晓得他是一个大善人，是湘省著名乡贤。他一生辛劳在长沙以及周边建立的庄园，不是作为市民休闲的公园对外开放，就是作为政府机构和慈善机构的办公场所，就连朱家办的私人学校也向社会开放。然而民国后，随着朱昌琳和他的几个儿子的先后谢世，朱家的商业帝国难以为继，尤其是朱家的后人都选择了其他的发展方向，或从政，或从军，或从学，商业人才匮乏，生意也衰落了。特别是经过抗战以及后来的动荡，昔日长沙城最耀眼的朱家园林和商业店铺，慢慢难觅踪影。

不过今天的长沙人也没有忘记这位商业奇才和大善人，以各种方式

---

① 陈书良：《朱雨田神道碑笺释》，《湖南商学院学报》2003年第1期。

怀念这位有功于长沙的乡绅。

在今天的长沙，我们还能寻觅到当年朱昌琳经商以及生活的印记。

在长沙市区的太平老街，还保留有当年朱昌琳开办的乾益升粮栈的招牌，尽管建筑已改为西洋建筑风格的太平粮仓，不是当年的模样，但在店铺后面，还有当年朱家生活的小楼房。漫步在古色小巷里，依稀能感觉到当年长沙首富的奢华。

馀园，又称朱家花园，是朱昌琳在长沙丝茅冲建设的宅院，占地40余亩，在民国时期依然是长沙城著名的私家园林，也是长沙人休闲娱乐的地方。在抗战时期，朱家花园被毁以后，就再也难觅其踪迹。现在的长沙人为了让后人记住昔日朱家花园的辉煌，曾在朱家花园的旧址竖立一块招牌，以告后人。

在现在的长沙县安沙镇和平村董家咀组棠坡，保存有一处清代民居，这就是朱昌琳的出生地和祖宅，也是后来他花费巨资建筑的园林式宅院——恬园。当然今天的恬园，虽然建筑颇似清代民居，其实已经不是原来的样子，原来的恬园被毁于20世纪60年代，朱家祖坟也在那时被毁，现在的恬园是后来重建的。尽管如此，我们还是能见到当初的一些旧迹，这就是在旧址上建立起来的朱家祖屋、一棵数百年的银杏树、一口古井和朱昌琳父亲朱原善的坟墓。

附录：朱昌琳事迹

1822年3月17日

　　朱昌琳，派名谐典，字雨田，又禹田、宇恬，晚年自号养颐老人。出生在长沙县安沙镇和平村棠坡一个以教书、行医为世业的家庭。

　　长沙朱家系明藩岷王朱楩后裔，数更迁徙，明末离散，从武冈四散，迁安徽南陵，清初定居长沙东乡，后居长沙。

1822年至1830年

　　朱昌琳在棠坡度过了童年时期。

1830年至1835年

　　朱昌琳在当地私塾读书学习。

1835年至1846年

　　朱昌琳一边读书准备科考，一边在私塾教书。

1847年至1848年

　　湘中粮食丰收，谷价骤降，最便宜者达千钱三石，农民手中的稻谷卖不出去，致使新谷生芽，价格极低，友人劝家中开春米坊的朱昌琳囤积稻谷。时值朱昌琳在唐荫云家做私塾教职。唐家拥有大量良田，租给农民租种，稻谷丰收，只是粮食卖不出去，稻谷生芽，农民多以芽谷交租，价格极低。朱昌琳向唐荫云谈及想借钱囤积稻谷，唐荫云欣然答允，将唐府农民所缴芽谷以最低价格售给朱昌琳，答允来年卖出后再偿还本钱，因此朱昌琳将唐府数千石芽谷购进。

1849年

湖南发生数月暴雨，造成湖南历史上的"己酉之荒"，粮食短缺，斗米值钱3600文。朱昌琳抛售数千石稻谷，大获其利，朱家从此"起富"。

是年冬，因沅、湘饥荒，常德、澧州一带灾民流亡长沙，就食无所。朱家以工代赈招雇一批灾民，在城东营建屋宇。

1850年

朱昌琳在长沙租赁一铺房，开设乾升杂货店，致富以后，乃辞馆唐府，"转百货居积为贾"，将乾升杂货店改为朱乾升碓坊，即后来的乾益升粮栈，专营谷米生意。

1852年

太平军进击湖南，围攻长沙。朱昌琳乃携眷离湘避难，至湖北武昌。其父朱原善则至江西南昌，寄居其弟朱昌藩处。后朱昌琳亦至南昌，与父同处。

太平军撤围北去，湖南稍转安定，朱昌琳随父回到长沙，其弟朱昌藩亦辞幕同归。

1854年

朱昌琳在长沙县东乡纯化都棠坡（今湖南长沙县安沙镇和平村）置地营造宅第，奉父家居，自己则以行医济世，"更历十载"。

1855年至1856年

朱昌琳在家乡棠坡建造了颇具规模的宅第园林和朱氏宗祠，内有亭、台、楼、舫，石梯回廊，假山竹林，又植有山茶、菊花、牡丹、罗汉松等，古雅典致，风景宜人，名曰"恬园"。

朱昌琳在长沙城西西长街还建造了公馆，内有心远楼，登楼远眺，可极湘江、岳麓之胜。

1861年

朱昌琳兄弟又在长沙北郊丝茅冲营造别墅，由朱昌藩自行设计，建有亭台、水阁、回廊、假山等，风景雅致，为一古典园林，面积约40余亩。园内布置紧凑，广植名贵花木，尤以牡丹、梅花为最，品种多样，引人入胜，名曰"馀园"。别墅四周，树木参天，绿荫遍地。该处别墅，为晚清长沙之著名私家园林之一，人称"朱家花园"。

1864年

湘军攻克太平天国都城天京（今江苏南京）。曾国藩为解决财政困难，奏准改革两淮票盐制度，招商领票，每票缴银十两，运卖淮盐。湖南巡抚即奉旨在长沙设立督销局，以专司其事。时"湘人犹迟疑莫应"，观望不前。朱昌琳独见机先，遽购百票。在湘北南县辟有专用盐运码头，以乾顺泰盐号转销盐于洞庭湖滨各县，成为湖南盐商首富。

1866年

李鸿章以筹款为名，责令盐商以白银三十万两买得专利权，垄断运销，"盐商即据盐票为永业"。朱昌琳购得的盐票，从最初的"贾费初值十金"，"已值巨万"。朱家盐号每年向湖南（部分销湖北）垄断倾销食盐15000吨至21120吨，运盐量占湖南总运盐量的五分之一。南县乌嘴为朱家卸盐的专用码头。

1870年

湖南大饥，省城士绅相议储积备荒，人各"相顾莫敢发"，朱昌琳表示"可四十余万斛"。

1872年

陕甘总督左宗棠为开发西北，奏准改革陕甘茶政，以票代引，招商给票，贩运茶叶，朱昌琳出资请领官票二百余张，又大力经营茶叶。

1873年

奉旨修建曾国藩祠。朱昌琳为之捐款，"一意营度"。次年曾祠工成，极其园林祠宇之胜。

陕甘回民起义被平息后，陕甘总督左宗棠为充实税课，整顿西北茶务，奏请变茶引为茶票，并在兰州添设南柜，专营湘茶贩运，准许南方各省茶商经销。

1874年

朱昌琳任茶商南柜总商，开设乾益升茶庄。在长沙太平街设朱乾升总栈，于汉口、汉阳、陕西、甘肃、新疆塔城等处皆设分栈，运销茶叶。

此外，他还在长沙县麻林、高桥、金井等地，辟有大片茶园，生产绿茶、红茶和砖茶，以朱漆木匣盛装，上盖"乾益升"牌号，运销全国各地。

1875年至1878年

为重建长沙名胜古迹贾太傅祠和定王台，分别捐资。

1877年

"丁戊奇荒"，朱昌琳应山西巡抚曾国荃、陕西巡抚谭钟麟的嘱托，捐献大批粮食、布匹赈济两省灾民，功授候补道员。

他因此次赈灾出力，被地方督抚上奏叙功，由道员保加按察使衔，发江西补用。此外，湖北、安徽发生灾荒，他都极力相助，捐资"辄数十万"，又被授予头品顶戴。

同治、光绪年间，朱昌琳又开始涉足银钱业。他在长沙太平街开设了乾益钱号，发行庄票，从事汇兑业务。

在经营谷米、盐、茶和银钱业的同时，朱昌琳还广置田地房产。他曾在长沙四乡和华容、南洲厅（今南县）购置大片田地，又在安徽南陵县购买荒田2万余亩，在长沙征集农民百户移往耕垦，共计10余万亩。他还在长沙城乡置有大片地产和房屋，如长沙小吴门外藕芽冲一带、南门外金盆岭至新开铺一带、北门外丝茅冲至新河一带、新河长庆街全部以及城内太平街、西长街、高井街等地的不少房屋、地产，都属朱家所有。

朱昌琳出身贫寒，早岁历经艰难，熟知社会积弊和民生疾苦。因此，他在经商致富以后，以所盈利，"既赡其家，益务利民"，对于友朋、亲族与道路穷饿者，无不伸手援助。

朱昌琳十分热心于地方公益事业，置义山、修道路、办义学、施棺木等，颇多善举。他曾捐出田租数千石，在长沙县四乡举办保节堂、育婴局、施药局、麻痘局，于省城育婴堂等也都捐有巨款。

1879年

与郭嵩焘等人欢聚"浩园"，对洋务产生兴趣。

1880年

郭嵩焘与朱昌琳等人议设禁烟公约。

1881年

朱昌琳捐资筹建在曾祠西侧建思贤讲舍。

1882年

左宗棠告假回到长沙，前来拜访者络绎不绝，"高年勋硕入谒者率循后进礼"。独朱昌琳来左公馆拜会时，左宗棠"降阶趋迎，酬对款洽逾常仪"。左宗棠还举手称颂朱昌琳"吾乡之豪杰也"，"一见审矣"。

1895年

陈宝箴任湖南巡抚。

是年，长沙发生饥荒，朱昌琳"毅然身任其难"，与省城诸绅集资20万两，并令其子朱恩绂放弃参加会试的机会，赴江、皖间采买谷米，转运长沙，救济灾民。

1896年2月13日（正月初一）

陈宝箴特地登门造访，"以所患苦者语之"，请朱昌琳出而"以维钱法、荒政之穷"。朱昌琳"始闻而愕然，已而矍然，久之乃慨然请从事"。朱昌琳以雄厚的经济实力与崇高的地方威望，积极支持并参与湖南的维新变法运动，做出了重要的贡献。

湖南矿务总局成立，朱昌琳从自己开办的乾益号钱庄借贷一万两白银作为湖南矿务总局的开办经费，并委派儿子朱访彝出任矿务总局会办，参与矿务总局经营和管理。

1896年3月29日

　　阜南官钱局在湖南红牌楼正式营业，朱昌琳任总办，其子朱访德参与管理和经营。

1896年9月13日

　　朱访德出任宝南局鼓铸制钱一事，开始铸钱。

1897年

　　朱昌琳父子经办阜南官钱局和宝南局时遭受劣绅诬陷，宝南局停办。

　　朱昌琳合股兴办长沙第一家近代工业企业湘善记和丰公司。

　　朱昌琳与汪诒书、杨巩等人合作，在长沙灵官渡创建了湘裕炼锑厂，并派儿子朱访德参与经营和管理，开长沙炼锑业的先河。

　　在长沙独资创办了阜湘红砖公司。

　　是年十二月，在陈宝箴的主持下，新河工程开始动工，朱昌琳捐巨资支持。陈宝箴后被罢，工程几乎停滞。

1899年

　　阜南官钱局停办，朱昌琳父子辞去阜南官钱局职务，朱昌琳自行垫付将官钱局发行的钱票全部收回，以维护其声誉。

　　他又捐资修建湖南平江县长寿街麻石路面。

1905年至1909年

　　岑春蓂任湖南巡抚期间调研长沙交通，重启开挖疏浚新河工程。自陈宝箴至岑春蓂，朱昌琳先后捐银十三万两，招民导浏阳河水入北湖再与湘江接通，称新河。历十余年竣工。经湖南巡抚保奏，朱昌琳被清廷授予三品京堂候补。

1910年

　　湖南因上年歉收发生饥荒，大批饥民涌入省城，"人情汹汹"。朱昌琳"闻难，即时入城开喻，毅然以振巢自任"，"捐万金，手定章程，设立平粜所，分布城乡，筹谷三万余石，保全甚众"。事后又"为思患预防之计，捐办积谷，建筑义仓"。在家乡创办时中学堂。

1911年

年近九十的朱昌琳被举耆贤，特授内阁学士衔。

1912年11月27日

朱昌琳在长沙去世，享年90岁。

参考文献

1. 郭嵩焘日记[M].长沙：湖南人民出版社，1983年.

2. 棠坡朱氏家谱[M].民国13年.

3. 湖南省地方志编纂委员会.湖南省志·人物志[M].长沙：湖南人民出版社，1992年.

4. 汪叔子，张求会.陈宝箴集[M].北京：中华书局，2003年.

5. 朱镕坚.八十述怀并泛论棠坡朱氏[J].台北：台湾《湖南文献》总第六十七期.

6. 梁小进.晚清富商朱昌琳[J].文史拾遗，2013（1）.

7. 陈书良.朱雨田神道碑笺释[J].湖南商学院学报，2003（1）.

8. 田胜钧.湖南维新运动中的经济变革——兼论朱昌琳在维新运动中的作用[D].长沙：中南大学，2011.

9. 张金荣、田胜钧.近代湖南富商朱昌琳的经营思想[J].文史博览，2011（1）.

10. 钱屿.晚清阜南官钱局考[J].上海博物馆辑刊，2012.